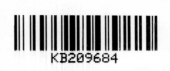

잠실역은 왜 잠실역이야?

지하철 역명으로 보는 한국사 – 수도권 편

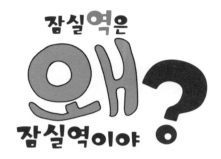

* **일러두기**
이 책의 이야기는 전설과 유래를 바탕으로 했습니다.

지하철 역명으로 보는 한국사 – 수도권 편

잠실역은 왜 잠실역이야?

초판 1쇄 발행 | 2025년 1월 5일

글쓴이 | 안미연
그린이 | 윤유리

펴낸이 | 조미현
책임편집 | 황정원
디자인 | 김수현

펴낸곳 | (주)현암사
등록 | 1951년 12월 24일 · 제10-126호
주소 | 04029 서울시 마포구 동교로12안길 35
전화 | 02-365-5051 · **팩스** | 02-313-2729
전자우편 | child@hyeonamsa.com
홈페이지 | www.hyeonamsa.com
블로그 | blog.naver.com/hyeonamsa
인스타그램 | www.instrgram.com/hyeonam_junior

ISBN 978-89-323-7643-1 73900

잠실역은 왜 잠실역이야?

지하철 역명으로 보는 한국사 – 수도권 편

안미연 글 | 윤유리 그림

현암
주니어

우리 역사 지하철 여행 노선

1호선

10 의정부역
12 망월사역
14 방학역
16 역수역의 정보 플러스
18 제기동역
20 동묘앞역
22 동대문역
24 역수역의 정보 플러스
26 종각역
28 제물포역
30 세마역
32 역수역의 정보 플러스
34 우리 동네 역의 역사

2호선

38 을지로입구역

98 상록수역
100 역수역의 정보 플러스
102 우리 동네 역의 역사

5호선

106 우장산역
107 서대문역
108 광화문역
110 군자역
112 아차산역
114 고덕역
116 둔촌동역
117 개롱역
118 역수역의 정보 플러스
120 우리 동네 역의 역사

6호선

124 봉화산역
126 화랑대역
128 태릉입구역
130 버티고개역
132 효창공원앞역
134 광흥창역
136 망원역
138 역수역의 정보 플러스
140 우리 동네 역의 역사

7호선

144 사가정역
146 상도역
148 장승배기역
150 역수역의 정보 플러스

신당역 40
왕십리역 42
잠실역 44
역삼역 46
역수역의 정보 플러스 48
낙성대역 50
문래역 52
이대역 54
충정로역 56
역수역의 정보 플러스 58
우리 동네 역의 역사 60

3호선

원당역 64
구파발역 66
연신내역 68
홍제역 70
역수역의 정보 플러스 72
독립문역 74
경복궁역 76
압구정역 78
오금역 80
역수역의 정보 플러스 82
우리 동네 역의 역사 84

4호선

당고개역 88
쌍문역 90
혜화역 92
서울역 94
남태령역 96

우리 동네 역의 역사 152

8호선

몽촌토성역 156
석촌역 158
송파역 160
남한산성입구역 162
역수역의 정보 플러스 164
우리 동네 역의 역사 166

9호선

양천향교역 170
국회의사당역 172
선정릉역 174
삼전역 176
한성백제역 178
역수역의 정보 플러스 180
우리 동네 역의 역사 182

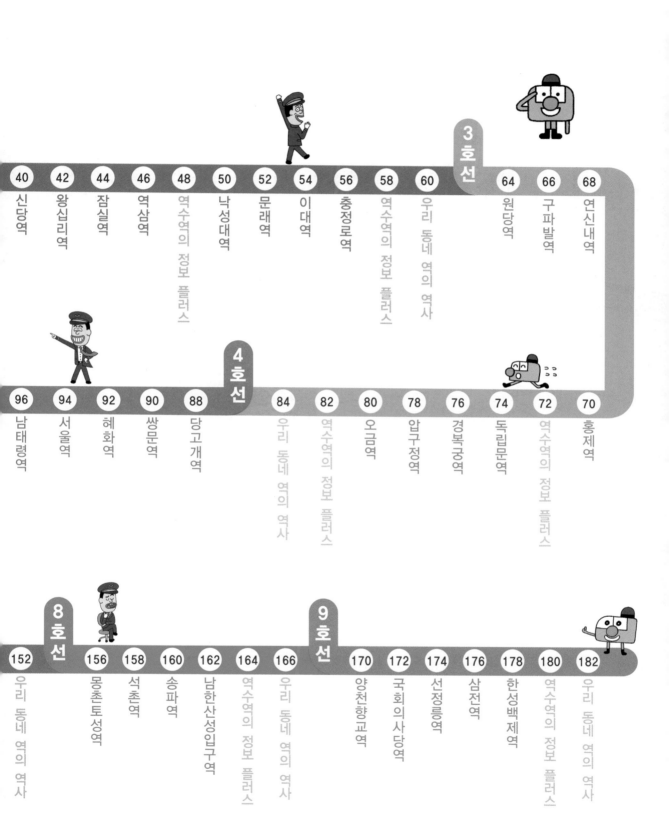

지하철 출발 전에

안녕하세요.

여러분, 지하철을 타 본 적 있죠? 지하철은 땅 아래로 터널을 파서 철길을 놓고, 그 위를 달리는 열차를 말해요. 그러니까 땅 아래, '지하'로 달리는 '철'도라는 뜻이지요.

세계 처음으로 지하철을 만든 나라는 영국이에요. 1863년 런던에 처음 지하철이 생겼어요. 우리나라에는 1974년 8월 15일에 서울 지하철 1호선이 처음 달리기 시작했어요. 서울 지하철은 그 뒤 아홉 개의 노선으로 늘어났고, 수도 서울을 벗어나 인천광역시, 경기도까지 퍼져 나갔어요. 수도권 지하철은 아주 편리한 교통수단으로 날마다 수많은 사람들이 이용하고 있어요. 우리나라 지하철은 어떤 교통수단보다 빠르고, 도착과 출발 시간이 정확하기로 세계에서 손꼽혀요. 그뿐만 아니라 깨끗하고 편리하지요.

그럼 제 소개를 하겠어요.

저는 특별 임무를 맡은 지하철 역장입니다. 특별 임무는 여러분과 수도권 지하철 1호선에서 9호선까지 함께하면서 역 이름에 담긴 우리 역사를 알려 주는 거예요. 여러분은 지하철을 타면서, 이 역은 왜 이런 이름일까 궁금하지 않았나요? 그렇다면 저 '역수역'이 속 시원하게 궁금증을 풀어 줄게요. 역수역이 뭐냐고요? 제 별명이에요. '역사 수다쟁이 역장'이라는 뜻이지요. 역사에 관한 수다를 떨면 시간 가는 줄 모른다고 붙여진 별명이에요.

역사라면 나하고 상관없는 먼 옛날이야기이고 외울 것만 많은 과목인데, 지하철역 이름과 무슨 상관이냐고요? 지하철역 이름은 그 동네 이름을 붙여 정한 곳이 많아요. 동네 이름이 그렇게 정해진 데에는 우리 조상들이 살아온 역사가 숨겨져 있고요. 지금 우리는 그 동네에 살고 있지요. 그러니 역사는 나하고 상관없는 먼 옛날이야기만은 아니라는 뜻이지요. 우리가 사는 동네, 날마다 지나는 거리, 오래된 건물, 지금도 편리하게 쓰는 물건, 맛있는 음식에도 우리 조상들의 숨결이 담겨 있으니까요. 지금 우리가 사는 이 시간이 먼 훗날 역사가 되듯이 말이에요. 앞으로 오백 년쯤 지난 뒤, 여러분만 한 어린이가 이렇게 말할지도 몰라요.

"오백 년 전 우리 조상들은 땅속을 달리는 지하철을 타고 가고 싶은 곳을 편리하게 다녔대. 그런데 지하철역 이름은 왜 이런 이름이었을까?"

자, 그럼 지하철역 이름에 담긴 역사를 찾아 함께 여행을 떠납시다. 출발!

종각
찰칵!

1호선

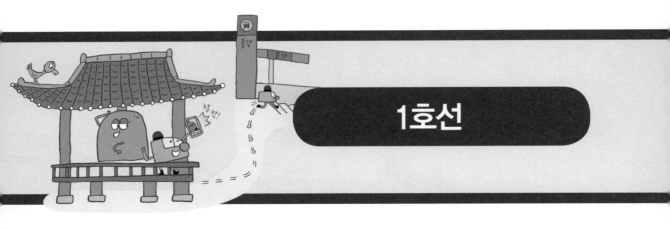

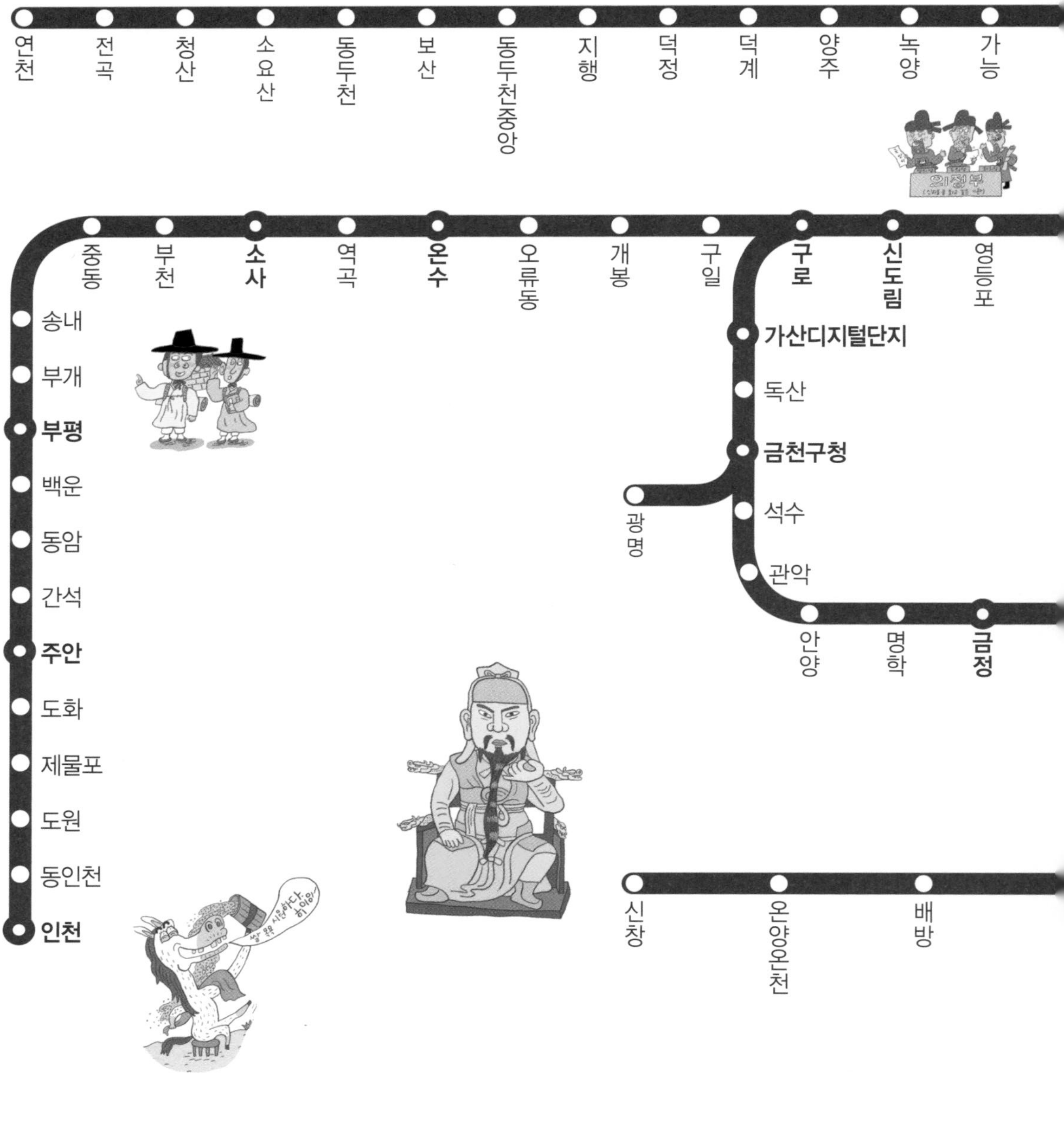

연천
전곡
청산
소요산
동두천
보산
동두천중앙
지행
덕정
덕계
양주
녹양
가능
중동
부천
소사
역곡
온수
오류동
개봉
구일
구로
신도림
영등포
송내
부개
부평
백운
동암
간석
주안
도화
제물포
도원
동인천
인천
가산디지털단지
독산
금천구청
광명
석수
관악
안양
명학
금정
신창
온양온천
배방

지하철 1호선은 우리나라에 처음 생긴 지하철로, 1974년에 서울역에서 청량리역 사이가 개통되었어요. 그 뒤로 서울의 한가운데를 가로질러 소요산, 인천, 수원, 천안까지 연결되었어요. 무려 백여 개 넘는 역을 지나며 수많은 사람들을 싣고 달려요.
자, 그럼 1호선 지하철 역사 여행 출발합니다.

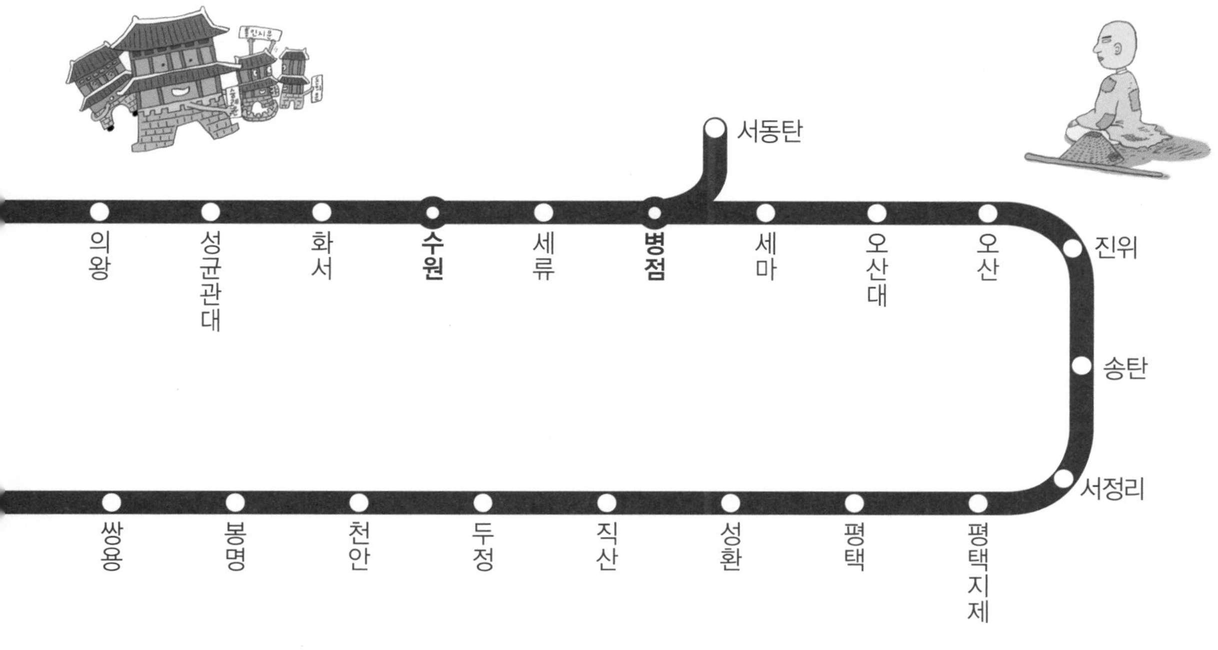

의정부역 조선 태조 이성계, 엄청 화났대

역수역과 함께하는 지하철 여행, 첫 번째로 정차한 곳은 의정부역입니다.

우선, '의정부'란 무엇일까요? 한자를 살펴보면 그 뜻을 이해하기 쉬워요. '의(義)'는 의논한다는 말이에요. '정(政)'은 정치한다는 말로, 다스린다는 뜻이에요. 그러니까 '나라를 다스리는 일을 의논하는 곳'이 의정부예요.

의정부는 조선 시대에 왕 바로 아래, 최고 높은 기관이었어요. 의정부는 신하들 가운데 가장 높은 벼슬인 영의정, 우의정, 좌의정, 이렇게 세 사람이 나랏일을 했어요. 이 셋을 정승이라고도 해요.

그럼 퀴즈 하나 낼까요? 영의정, 우의정, 좌의정, 이 세 벼슬에 똑같이 들어간 말이 무엇이죠? 네, 바로 '의정'이에요! '의정부'의 '의정'입니다. 의정부에서 일하는 벼슬이라는 걸 확실히 알겠죠?

그렇다면 이곳에 의정부가 있어서 의정부역이 됐을까요? 땡! 틀렸습니다. 조선 시대의 나랏일을 보는 중요한 관청들은 경복궁의 광화문 앞에 있었어요. 의정부도 광화문 앞에 있었어요. 그럼 왜 경복궁과 한참 먼 이곳의 이름이 '의정부'가 되었을까요? 그것은 바로 '함흥차사' 이야기 때문이라고 전해져요.

'함흥차사'는 또 뭐냐? '함흥'은 함경남도에 있는 고장으로, 이성계의 고향이에요. '차사'란 왕이 중요한 임무를 준 신하예요. 그러니까 함흥으로 간 차사를 '함흥차사'라고 하지요. 이 말이 생겨난 건 '왕자의 난'과 관계가 있어요.

이야기가 자꾸 의정부에서 멀어진다고요? 아니, 아니에요. 지하철이 다시 오듯 이야기는 돌아옵니다. 지하철 칸이 이어져 있듯이 이야기는 이어집니다.

조선을 세운 태조 이성계의 아들들이 다음 왕의 자리를 놓고 두 번씩이나 서로 해치는 일이 일어났어요. 이것이 '왕자의 난'이에요. 왕자들끼리 다투면서 난을 일으켰다는 말이에요.

태조 이성계는 아들들이 죽고 죽이는 싸움에 무척 화가 났어요. 그래서 왕의 자리를 물려준 태조는 한양 궁궐을 떠나 멀리 고향 함흥으로 가 버렸어요.

아들 태종은 아버지의 화를 풀기 위해 함흥으로 차사를 여러 번 보냈어요. 그런데 차사들이 돌아오지 않았어요. 심지어 태조가 아들이 보낸 차사를 죽였다는 소문까지 있었어요. 아마 아들이 돌아오시라 해도 아버지는 꿈쩍도 하지 않으니, 사람들이 이런 이야기까지 만들어 내지 않았을까요?

그래서 가서 소식 없이 돌아오지 않을 때 '함흥차사'라는 말을 쓰게 되었어요. "심부름 간 00가 함흥차사네.", "00는 한번 가면 함흥차사야." 이렇게 말이지요.

한참 뒤, 결국 태조 이성계는 함흥에서 돌아왔어요. 하지만 궁으로 가지 않겠다며 한양 밖, 지금의 의정부시가 있는 이곳에 머물렀어요.

그러자 의정부 정승들이 태조를 만나기 위해 이곳까지 자주 찾아왔다고 해요. 그러다 보니 이곳의 이름이 '의정부'가 되었다고 전해져요.

의정부역 이름에 이렇게 오래전 조선 초의 역사 이야기가 담겨 있어요.

자, 함흥차사와는 반대로 시간 맞춰 꼭 오는 지하철을 타고 다음 역으로 출발!

망월사역 토끼 바위가 달을 쳐다본다고?

이번에 정차한 역은 망월사역이에요. 역사 수다를 풀기 딱 좋은 역이에요.

자, 도착하자마자 다짜고짜 퀴즈 나갑니다. 불국사, 해인사, 조계사, 봉정사, 망월사……, 공통점은 무엇일까요? 힌트는 '사, 사, 사' 자로 끝나는 말. 네, 정답은 모두 '절'이란 겁니다. 그래서 마지막에 '절 사(寺)'가 붙었어요.

망월사역은 망월사라는 절 가까이 있어서 붙여진 이름이에요. 그럼 망월사의 이름은 왜 '망월사'일까요? '망월'은 '바라볼 망(望), 달 월(月)', 그러니까 달을 바라본다는 뜻이에요.

절 동쪽에 토끼 모양의 바위가 있는데, 남쪽에 있는 달 모양의 봉우리를 향하고 있었어요. 그 모습이 마치 토끼가 달을 바라보는 것 같아 붙여진 이름이에요. 토끼 바위는 달 모양의 봉우리에서 방아를 찧고 있는 옥토끼를 바라보고 있었을까요?

또 다른 이야기로는 이곳에 있던 옛 산성 이름이 '망월성'이어서, 그 이름을 따왔다고도 해요.

망월사는 삼국 시대, 신라 선덕 여왕 때 해호라는 스님이 세웠다고 해요. 선덕 여왕은 해호를 존경해 곁에 머물게 하고 싶었어요. 그러나 해호 스님은 산으로 들어가 망월사를 짓고 신라를 위한 기도를 했어요.

해호 스님의 기도 덕분인지, 신라는 고구려, 백제를 물리치고 삼국을 통일했어요. 비록 중국 당의 힘을 빌리기는 했지만요. 그 뒤로 신라는 '황금의 나라'라 불릴 정도로 번영했어요.

그렇게 천 년 가까이 이어지던 신라도 서서히 기울어졌어요. 결국 마지막 왕, 경순왕이 힘이 강해진 고려에 신라를 바치면서 신라의 역사는 끝이 났지요.

경순왕이 신라를 고려에 넘기려 할 때, 아들인 태자는 반대했어요.

"나라가 존재하느냐 망하느냐는 반드시 하늘의 뜻이 있어야 합니다. 그런데 힘을 다하지 않고 천 년 역사의 나라를 가벼이 넘겨줄 수는 없습니다." 하면서요.

그러나 경순왕은 무고한 백성들을 더 이상 죽게 할 수 없다며 결국 고려에 항복했어요. 태자는 슬피 울며 아버지에게 인사를 하고 궁궐을 떠났어요. 다음 왕이 될 사람으로 모두가 떠받들고 화려한 집, 귀한 옷, 좋은 음식만 누리던 태자가 궁궐을 나와 떠돌게 되었어요.

모든 것을 버린 태자는 이곳 망월사에서 한동안 숨어 지냈다고 전해져요. 그러다 개골산(금강산)으로 들어가 바위에 의지해 허름한 집을 짓고, 가난한 백성들이나 입는 삼베옷을 입고, 거친 음식을 먹고 살다가 생을 마쳤다고 해요.

고려에 항복한 아버지 경순왕은 고려의 귀족이 되어 벼슬을 받고 편안하게 지냈어요. 하지만 태자는 편한 길을 가지 않고 험한 삶을 살았어요. 그래서 사람들은 비록 태자가 지위를 버리고 삼베옷(마의)을 입고 산속에 살았지만, 끝까지 '마의 태자'라고 불러 주었어요.

마의 태자가 망월사에 숨어 있을 때, 토끼 바위와 함께 달 봉우리를 바라보며 멸망한 신라를 생각하면서 눈물짓지 않았을까요?

자, 신라의 마지막을 기억하며 다음 역으로 출발!

방학역 학들은 노닐고 선비는 공부하고

이번에 정차한 역은 방학역이에요. 이 역에서는 조금 어려운 역사 수다를 풀어 볼까 해요. 귀 기울여 잘 들어 보세요.

방학역이라니, 여러분이 좋아하는 여름 방학, 겨울 방학이 떠오르지요? 아니, 아니에요. 그 방학이 아니에요. 그럼 무슨 방학이냐고요? 자, 들어 보세요.
이곳이 '방학'역이 된 데에는 세 가지 이야기가 전해져요.

첫 번째로는 먼 옛날 이곳이 쿵더쿵쿵더쿵 곡식을 찧는 방아가 있던 방아터여서 '방아골'이라 불렸다고 해요. 방아골을 한자 말로 옮기면서 '방학리'가 되었고, 지금은 '방학동'이 된 것이지요.

방학에 가서
놀아야지.

두 번째로는 이곳 땅의 모양새가 '학'이 알을 품고 있는 듯해서 붙여졌다고도 해요.
세 번째, 이 세 번째 이야기가 중요해요. 귀를 쫑긋 세우세요.

군자는 학문으로써 벗을 사귀고
벗을 통하여 인덕을 높인다.
도봉서원
서원개 3년
우리가 잘 찾아온 것 같네.
글 읽는 소리가 남다르구만.

조선 시대에 나라의 관리가 서원 지을 터를 정하기 위해 도봉산에 올라 마을을 내려다보았어요. 그랬더니 저 아래에서 학들이 평화롭게 놀고 있었어요. 그래서 학들이 자유롭게 놓여나 논다는 뜻으로 '방학'이라 부르게 되었답니다.

학이 노닐 만큼 경치가 좋은 터에 서원을 지은 것이지요. 이 서원이 도봉 서원이에요. 그렇다면 서원이 무엇이기에 굳이 좋은 터를 찾아 지었을까요?

서원이란 아주 쉽게 말하면 조선 시대 학교 같은 곳이에요. 조선 시대에 공부라면 유학이 최고였어요. 그 유학을 공부하는 선비들이 모여서 토론하고 학문을 닦던 곳이 서원이에요. 그런데 지금의 학교와 한 가지 다른 점이 있어요. 서원에서는 학문이 높고 본받을 만한 유학자의 제사를 지냈거든요.

그럼 도봉 서원에서는 누구를 받들고 제사 지냈을까요? 바로 조광조라는 유학자예요. 조광조의 학문과 어질고 너그러운 삶을 기렸어요.

조광조는 어떤 사람이냐고요?

조광조는 조선 중종 때 사람으로, 낡은 정치를 고쳐 새로운 개혁 정치를 펼치고자 했어요. 그러나 개혁을 당해야 했던 관료층인 훈구파는 조광조의 개혁 정치를 반대했어요. 게다가 조광조를 지지했던 중종의 마음마저 바뀌었어요. 결국 조광조는 귀양을 갔고 죽임을 당했지요. 함께 개혁을 이끌던 선비들도 화를 당했지요. 이 일이 기묘년(1519년)에 일어났다고 해서 '기묘사화'라고 해요.

조광조는 기묘사화로 죽었어요. 하지만 왕들이 바뀌고 오십여 년이 지난 선조 때에 이르러 조광조를 인정하고, 그를 받드는 서원이 세워졌어요.

학들이 평화롭게 노니는 방학에 세워진 도봉 서원에서는 선비들이 조광조의 학문을 본받고자 열심히 글 읽는 소리가 들렸겠지요.

자, 방학역의 역사 수다는 여기까지 하고, 다음 역으로 출발!

역수역의 정보 플러스

조선의 중앙 관청, **의정부와 육조**

조선 시대 의정부 아래에는 각 분야를 맡은 육조가 있었다.
육조란 이조, 호조, 예조, 병조, 형조, 공조,
여섯 개의 관청이다.
이조는 관리를 뽑고, 관리가 일은 잘하는지 살폈다.
호조는 세금을 걷고, 세금을 어떤 나랏일에 쓸지 정했다.
예조는 외교, 교육, 제사, 과거와 관련된 일을 했다.
병조는 나라를 지키는 국방, 백성들의 안전을 맡았다.
형조는 법과 관련된 일과 노비 관리를 했다.
공조는 궁궐, 성, 다리 짓는 일을 관리했다.

왕자들의 다툼, **1, 2차 왕자의 난**

조선을 세운 태조 이성계에게는 아들이 여덟 명 있었다.
태조는 다음 왕이 될 세자를 여덟째 '방석'으로 정했다.
조선을 세울 때 공이 컸던 다섯째 '방원'이 가장 불만이 많았다.
방원은 이복동생이자 세자인 방석과 신하 정도전을 해쳤다.
'1차 왕자의 난'이다.
태조는 둘째 방과(정종)에게 왕의 자리를 물려주었다.
이번에는 넷째 '방간'이 방원의 힘을 시기해 난을 일으켰다.
방원이 난을 막고 방간을 귀양 보냈다. '2차 왕자의 난'이다.
정종은 동생인 다섯째 방원(태종)에게 왕의 자리를 물려주었다.

후삼국과 고려 등장, **신라의 멸망**

신라 말, 귀족들은 왕의 자리를 놓고 다투었다.
흉년과 전염병으로 백성들은 살기 힘들었다.
정부의 힘이 약해지자 지방 곳곳에서 호족들이 힘을 키웠다.
그 가운데 견훤이 후백제를, 궁예가 후고구려를 세웠다.
그 뒤 왕건이 궁예를 몰아내고 고려를 세웠다.
이렇게 신라, 후백제, 후고구려(고려)가 있던 때를 후삼국 시대라고 한다.
신라는 후백제의 공격을 받아 약해질 대로 약해졌다.
결국 신라 경순왕은 스스로 고려에 신라를 넘겨주었다. 신라의 역사는 끝이 났다.

선비들이 '화'를 입다, **사화**

조광조와 개혁을 이끌던 사람들이 물러난 사건이 '기묘사화'다.
'사화'란 '선비 사(士), 재앙 화(禍)'라는 한자 말이다.
선비들이 반대파에 의해 유배를 가고 죽임을 당하는 끔찍한 '화'를 입은 일이다.
조선 시대에는 네 번의 사화가 있었다.
무오사화, 갑자사화, 기묘사화, 을사사화다.
'무오, 갑자, 기묘, 을사'는 사화가 일어난 때를 말한다.
사화 때마다 많은 선비들이 죽임을 당했다.

선비들의 사립 학교, **서원**

조선 시대, 나라에서 세운 공립 학교가 성균관과 향교다.
서원은 지방의 선비들이 세운 사립 학교다.
최초의 서원은 백운동 서원(소수 서원의 원래 이름)이다.
왕이 '소수 서원'이라는 이름을 지어 주고, 직접 쓴 액(간판)을 내렸다.
왕이 액, 책, 노비, 땅을 주며 인정한 서원을 사액 서원이라 한다.

제기동역 농사의 신이여, 풍년 들게 해 주세요

이번에 정차한 역은 제기동역이에요.

제기차기하며 놀던 역이라고 생각했다면, 그것은 삐– 오답이에요.

'제기'는 옛날에 제사를 지냈던 곳이라서 생긴 이름이에요. '제사 지낼 제(祭), 터 기(基)', 즉 제사를 지냈던 터라는 말이에요.

제사라면 우리 집에서 지내기도 하지요. 우리 가족이 지내는 제사는 돌아가신 조상님들에게 음식을 정성껏 차려 올리는 것이지요. 그럼 제기에서 지낸 제사도 우리 집처럼 조상님에게 지내는 제사였을까요? 아니에요. 이곳에서 지낸 제사는 조상님이 아니라 신에게 지낸 제사예요.

그 신이 누구냐? 아주 먼 옛날, 사람들에게 농사를 가르쳤다고 하는 농사의 신, 신농과 후직이에요. 농사의 신에게 제사를 지낸 곳은 제기동역 가까이에 있는 선농단이에요. 왕이 직접 선농단까지 와서 제사를 지냈어요. 농사가 잘되게 해 달라고 기원했어요.

농사의 신에게 지내는 제사는 신라 시대, 고려 시대에도 있었어요. 이곳 선농단은 조선 시대에 지은 곳이에요. 조선의 첫 번째 왕, 태조 때부터 왕들이 쭉 선농단에서 제사를 지냈어요. 궁궐에만 살던 왕이 도성 밖까지 행차한다는 건 아주 중요한 일이란 뜻이지요.

왕들은 그럼 제사만 지내고 궁궐로 바로 돌아갔을까요? 아니에요. 아주 중요한 일이 또 남았어요.

이곳 남쪽에 있는 논밭에서 왕이 직접 밭을 갈았어요. 궁궐 안에서도 가마를 타고 다니고, 옷도 궁녀들이 입혀 주는 왕이 흙을 밟으며 농사를 지었지요. 그건 바로 농사의 소중함을 알리기 위해서였어요. 조선 시대 대부분의 백성이 농부였고, 그만큼 농사가 나라에도 중요한 일이었기 때문이지요. 왕이 밭을 갈

때, 농부 가운데 나이가 많고 복 있는 사람을 뽑아서 함께하게 했어요.

자, 여기서 뜬금없이 퀴즈 나갑니다. 설렁탕과 이곳은 어떤 관계가 있을까요? 힌트는 '선농단, 설렁탕', 두 말을 자꾸 되뇌어 보기입니다. 어떤가요? 계속 반복하니 발음이 비슷해지지 않나요? 그 이유는 '설렁탕'이 '선농단'이란 말에서 나왔기 때문이에요.

왕이 밭을 가는 행사가 끝나면 선농단 제사 때 올린 쌀로 밥을 하고, 고기로 국을 끓였어요. 그 고깃국은 모인 사람 가운데 예순 살이 넘은 노인들에게 먹였어요. 옛날에는 고기가 무척 귀해서 가장 나이가 많은 어른들에게만 드렸지요.

이 고깃국을 선농단에서 먹는 국이라고 해서 '선농탕'이라고 했다가, 발음이 변해서 '설농탕, 설렁탕'이 되었어요. 옛날에는 이렇게 귀한 음식이었다는 걸 알고 먹으면, 설렁탕이 좀 더 맛있겠죠?

자, 제기동역의 역사 수다는 여기까지. 다음 역으로 출발합니다.

동묘앞역 군인을 지키는 관우님, 충성, 충성!

이번에 정차한 역은 동묘앞역이에요. 동묘라는 곳 앞이라 동묘앞역이겠지요.

여러분, 혹시 『삼국지』를 읽어 봤나요? 옛 중국에 위, 촉, 오라는 세 나라(삼국)가 있었어요, 이 세 나라가 통일되는 이야기를 담은 소설이 『삼국지』예요.

『삼국지』는 원래 역사책의 이름이에요. 이 역사책을 바탕으로 지은 이야기가 『삼국지연의』로, 우리는 보통 '삼국지'라고 부르지요.

그럼 이 소설에 등장하는 유비, 관우, 장비는 진짜 있었을까요? 아니면 만든 인물일까요? 힌트는 벌써 주었죠. 『삼국지연의』는 역사책 『삼국지』를 바탕으로 쓰여졌다고 했으니까요. 네, 맞습니다. 유비, 관우, 장비와 더불어 조조, 제갈량까지 모두 실제로 중국 역사에 있었던 인물들이에요.

『삼국지』, 그러니까 정확히 『삼국지연의』는 유비, 관우, 장비, 세 사람이 복숭아나무 아래에서 의형제를 맺는 장면으로 시작해요. 그래서 나온 말이 '도원결의'예요. 복숭아(桃, 도) 동산(園, 원)에서 의형제를 맺었다(結義, 결의)는 뜻이지요.

왜 동묘앞역에서 중국 옛날 소설에 나온 의형제 이야기를 하냐고요? 동묘앞역이 그 의형제 중 한 사람인 촉나라의 장수, 관우와 관계있기 때문이에요.

옛 중국에서는 관우를 충성과 정의, 무예, 용맹의 상징으로 높이 여겼어요. 그래서 관우를 위한 사당을 짓고 그를 무신, 그러니까 군인 같은 무인을 지키는 신으로 받들었어요.

조선 시대에 지어진 이곳 동묘도 바로 관우에게 제를 올리는 사당이에요. 정확한 이름은 '동관왕묘'로, 이를 줄여서 '동묘'라고 불러요.

그럼 왜 옛 중국의 무신, 관우의 사당이 조선에 생겼을까요?

그 이유는 임진왜란과 관계가 있어요. 임진왜란은 지금의 일본, '왜'가 우리 땅을 쳐들어왔던 전쟁이에요. 그때 임금이었던 선조가 한양조차 버리고 피난을 가야 할 만큼 조선은 위태로웠어요. 피난을 간 선조는 명나라(지금의 중국)에 군대를 보내 달라고 청했어요.

드디어 명나라 군대가 조선에 왔고, 조선군과 힘을 합친 조·명 연합군이 왜군과 싸웠어요. 이때 왔던 명나라 장수가 자기들의 무신인 관우의 사당을 지어 달라고 했어요. 그래서 조선에 관우의 사당을 짓게 되었어요.

남쪽 숭례문 밖에 남관왕묘, 동쪽 흥인지문 밖에 동관왕묘를 세웠어요. 지방의 곳곳에도 관우의 사당을 지었는데, 이것을 '관왕묘'라고 해요.

지금 서울에는 다 없어지고 동묘(동관왕묘)만 남아 나라의 보물로 정해졌어요.

아,『삼국지연의』에 나오는 관우는 수염이 아주 아름다웠다고 해요. 그래서 동묘에 가면 긴 수염의 장수를 그림으로나마 만날 수 있어요.

자, 관우의 사당을 지나 다음 역으로 출발합니다.

동대문역 원래 내 이름은 무엇일까?

이번에 정차한 역은 동대문역이에요.
동대문은 이름 그대로 동쪽에 있는 큰 문, 대문이라서 그렇게 불러요.

그럼 간단 퀴즈 나갑니다. 서쪽의 대문은 무엇일까요? 그렇지요. 서대문입니다. 이렇게 남쪽에는 남대문, 북쪽에는 북대문이 있겠지요.

여러분, 이런 놀이 해 본 적 있나요? "동동 동대문을 열어라, 남남 남대문을 열어라. 열두 시가 되면은 문을 닫는다." 노래를 부르면서 하는 놀이요. 바로 그 '동대문'이에요.
그런데! 동대문한테는 원래 이름이 있어요. 무엇이냐? 바로 '흥인지문'이지요. 남대문, 서대문, 북대문에도 다 원래 이름이 있어요. 하지만 어려운 한자여서인지, 옛날부터 많은 사람들이 동서남북에 맞춰 쉽게 '동대문'이라고 불렀어요. 그래서 지하철역의 이름도 '동대문'이 되었어요.

이성계가 조선을 건국하고 지금의 서울, 한양을 새로운 도읍으로 정했어요.

이곳에 궁궐과 종묘와 사직을 지은 다음, 한양을 둘러싸고 있는 백악산(북악산), 인왕산, 낙산, 남산(목멱산), 이 네 산을 잇는 산성을 쌓았어요. 도성이에요. 도읍지를 둘러싼 성이라는 말이지요.

성이 생겼으니 성의 안과 밖을 드나드는 문이 있어야겠지요. 동서남북에 네 개의 대문을 두었어요. 동쪽에 '흥인지문', 서쪽에 '돈의문', 남쪽에 '숭례문', 북쪽에 '숙청문'이라고 이름 지었어요. 한양을 설계한 정도전이 지었어요.

역시 '동대문, 서대문, 남대문, 북대문'보다 이름이 어렵지요? 그래도 기억해 두세요. 조선이 유교의 나라라는 점을 드러내는 이름이니까요.

조선은 유교를 높이 받들고, 유교의 뜻에 따라 다스리는 나라였어요. 그래서 문 이름에 유교에서 중요하게 생각하는 '어질고, 의롭고, 예의 바름'을 나타내는 '인, 의, 예', 각 한 글자씩을 넣었어요. 또 중요하게 여기는 '지혜로움'의 의미는 '숙청문'의 글자 속에 담았어요. 숙청문은 그 뒤에 '숙정문'으로 바뀌었어요.

여기서 돌발 퀴즈 나갑니다. 우리나라의 보물 1호는 무엇일까요? 동대문역에서 하는 퀴즈이니 금방 눈치챘겠죠? 네, 동대문이에요. 그럼 레벨 업해서, 국보 1호는 무엇일까요? 눈치도 레벨 업해야겠죠. 정답은 바로, 남대문이에요.

여기서 또 궁금증이 생기나요? 국보는 뭐고, 보물은 또 뭘까요? 보물은 역사적으로 중요하고 예술적으로도 아름다운 우리 문화재예요. 국보는 말 그대로 나라(국)의 보물이에요. 보물로 정해진 문화재 가운데 특별히 잘 지켜야 하는 귀중한 문화재를 국보로 정했어요. 국보나 보물이나 모두 조상님들이 우리에게 주신 귀한 문화재예요. 우리가 잘 보호하고 가꾸어 후손들에게 전해야겠지요.

국보 1호는 숭례문, 즉 남대문이고, 보물 1호는 흥인지문, 즉 동대문이에요. 모두 조선의 도읍지, 한양 도성의 대문이에요.

자, 흥인지문을 지나 다음 역으로 출발합니다!

역수역의 정보 플러스

농사가 최고, 농자천하지대본

'농자'란 농사를 짓는 농부를 말한다.
농사가 하늘 아래 세상(천하)의 바탕(대본)이라는 뜻이다.
옛날부터 우리 조상들에게 농사는 삶의 바탕이었다.
농사가 잘돼야 백성의 삶이 풍요롭고,
나라가 잘 다스려지니 왕도 농사를 적극 권장했다.
조선 시대는 양민과 천민으로 신분이 나뉜 신분 사회다.
양민 가운데에도 하는 일에 따라 '사농공상'으로 귀한 순서가 정해졌다.
공부하는 선비 '사', 농사짓는 농부 '농',
수공업 기술자 '공', 장사하는 상인 '상' 순이다.
최고로 귀하게 여기는 선비 다음으로 농사짓는 일을 중하게 여겼다.

왜군이 쳐들어오다, 임진왜란, 정유재란

1592년 조선 선조 때 왜가 쳐들어왔다.
1598년까지 칠 년 동안 치른 전쟁으로, '칠 년 전쟁'이라고도 한다.
1592년 1차 침입한 해가 임진년이라 '임진왜란',
1597년 2차 침략이 정유년에 일어나 '정유재란'이라고 한다.
1, 2차 침입을 합쳐 보통 '임진왜란'이라고 부른다.
임진왜란 초기에 단 십오일 만에 한성이 함락되었다.
이순신 장군, 권율 장군, 김시민 장군처럼 훌륭한 장군들과
스스로 나라를 지키려고 일어난 백성들의 의병이 왜군을 물리쳤다.

네 개의 산으로 둘러싸인 조선의 도읍, 한양

한양 밖으로 북한산, 수락산, 관악산, 덕양산이 둘러싸고 있다.
그 안으로 백악산, 낙타산(낙산), 목멱산(남산), 인왕산이 둘러싸고 있다.
이 네 개의 산을 따라 한양 도성을 쌓았다.
이렇게 한양은 산들에 둘러싸여 있어 적을 방어하기 좋았다.
산에서 내려오는 물이 곳곳으로 흘러 물을 구하기 좋았다.
또한 한양은 한강이 가까워 배를 이용하는 교통이 편리했다.

나라의 보물, 국보와 보물

보물은 우리 조상들이 남긴 건축물, 회화, 조각, 공예품, 책처럼
유형 문화재 가운데 역사적, 예술적, 학술적으로 가치가 있는 것이다.
국보는 보물 문화재 가운데 시대를 대표하거나 그 가치가 높은 것을 정한다.
그래서 보물보다 국보의 수가 더 적다.
'1호, 2호'처럼 국보나 보물에 붙는 번호는 가치의 높낮이 표시가 아니다.
단지 국보나 보물로 정한 순서다.
국보, 보물 중 세 가지는 알아 두자.
국보 1호 숭례문(남대문), 2호 서울 원각사지 십층 석탑,
3호 서울 북한산 신라 진흥왕 순수비.
보물 1호는 흥인지문(동대문), 2호는 옛 보신각 동종,
3호는 서울 원각사지 대원각사비.

종각역 아침을, 밤을, 새해를 알리는 종소리

이번에 정차한 역은 종각역이에요.

종로5가역, 종로3가역을 지나 종각역에 왔어요. 모두 '종' 자로 시작하죠? 이 종이 뭐냐? 댕댕 치는 종, 그 종이에요.

혹시 새해의 시작을 알리는 일로, 보신각종을 치는 행사를 아나요? 수많은 사람들이 모여서 새로운 해를 시작하는 모습을 텔레비전으로라도 한 번쯤 보았겠지요. 아, 어린이에게는 너무 늦은 시간이라 볼 수가 없었나요? 그 보신각이 바로 종각이에요. 종이 있는 누각이라고 '종각'이라고 불러요.

종각역과 연결된 종로역들의 이름도 종각에서 이어지는 거리라는 뜻이에요. 종로는 종각에서 동대문에 이르는 길을 일컬어요.

조선 시대 한양을 동서로 잇는 거리는 상점들이 늘어서 가장 번화한 거리였어요. 이 거리와 대광통교에서 숭례문으로 이어지는 큰 길이 만나는 지점에 종루를 세우고 큰 종을 달았어요.

조선 시대에는 날마다 하루에 두 번씩 종각의 종을 쳤어요. 어떤 이유로 종을 쳤을까요? 설마 조선 시대에는 날마다 두 번씩 새해가 시작되었을까요? 아니, 아니에요.

조선이 나라를 세우고 한양을 도읍으로 정한 뒤, 도성을 쌓았다고 동대문역에서 이야기했지요. 그 한양 도성은 아무 때나 들어가고 나갈 수 없었어요. 도성의 문을 여닫는 시간이 정해졌기 때문이에요.

도성의 문을 여닫는 때를 알리기 위해 종을 쳤어요. 밤 10시쯤 스물여덟 번 종을 쳐서 문을 닫으면 도성 안팎으로 통행이 금지되었어요. 이것을 '인정'이라고 해요. 문이 닫히면 백성들은 물론이고 벼슬아치들이라고 해도 함부로 드나들 수 없었어요. 그러다가 다음 날 새벽 4시쯤 서른세 번 종을 치면 사람들이 도성을 드나들 수 있었어요. 이것을 '파루'라고 했어요.

그러니까 종각에서 치는 종은 도성의 문이 열리고 닫힌다는 알람이었어요. 간혹 도성에 큰불이 나면 위험을 알리기 위해 종을 치기도 했어요.

종각은 임진왜란 때 불탔다가 다시 지어졌어요. 그 뒤로도 몇 번의 화재가 있었고 또다시 지어졌지요. 한국 전쟁(육이오) 때도 파괴돼 다시 고쳐 지어졌어요.

종각에 '보신각'이란 이름이 붙은 것은 조선 후기, 고종이 '보신각'이라는 현판을 내리면서부터예요.

종각의 종소리는 조선 사람들에게 활기찬 아침을 알려 주었어요. 또한 온종일 열심히 일한 사람들에게 쉴 시간을 알려 주는 역할을 했어요. 때로는 전쟁의 아픔도 우리 조상들과 함께 이겨 냈어요. 지금도 우리에게 희망찬 새해 새날을 알려 주고 있어요.

자, 시작과 희망을 알리는 종각역을 지나 다음 역으로 출발!

제물포역 조선의 슬픈 역사가 이곳에 있다

이번에 정차한 역은 제물포역이에요.

제물포의 마지막 글자 '포'는 개울가나 바닷가를 뜻하는 말이에요. 마포, 영등포, 반포, 서귀포처럼 말이에요. 그러니까 제물포는 서해에 맞닿아 있는 배가 드나드는 포구예요.

제물포는 고구려 때는 '미추홀현', 그 뒤 백제 때는 '매소홀현'이라고 불렀어요. '미추, 매소'의 뜻은 거친 들판(맷골), 혹은 물로 둘러싸인 고을이라는 뜻이에요. '미추, 매소'가 왜 '제물포'가 되었는지, 그 정확한 이야기는 알 수 없어요.

역 이름이 어떻게 생겨났는지 모르는데, 왜 이 역에서 정차했을까요? 그것은 이 역이 우리 역사에서 꼭 기억해야 할 곳이기 때문이에요.

우리 역사에서 일본이 침략해 우리나라의 국권을 빼앗아 간 때를 일제 강점기라고 하지요. 일제 강점기가 시작되기 전, 일본이 한발 한발 우리나라를 침투해

들어오던 시기에 이곳에서 중요한 일이 있었어요. 바로 '제물포 조약'을 맺은 일이에요.

1882년에 임오군란이 일어났어요. 우리 조상들은 해를 지금처럼 숫자로 부르지 않았어요. 그래서 1882년은 임오년이라고 해요. 임오년에 군인들이 난리를 일으킨 사건을 '임오군란'이라고 해요. 이때 일본 공사관이 불타고, 일본 사람들이 죽거나 다쳤어요. 이것을 빌미로 일본은 군함을 끌고 와서 조선에 회담을 요구했어요.

회담은 제물포에 들어온 일본 군함에 조선 대표가 가서 진행되었어요. 일본은 조선에 책임을 물으며 자기들이 입은 피해를 물어내라고 강하게 요구했어요.

그 회담의 결과로 맺어진 것이 제물포 조약이에요. 제물포에서 결정되었다고 해서 붙여졌지요. 아, 조약은 또 무슨 말이냐고요? 조약은 나라와 나라 간에 정한 약속이에요.

제물포 조약에 따라 일본은 자기 나라의 공사관을 지킨다면서 일본 군인들을 조선의 수도, 한성에 머무르게 했어요. 또 일본 공사관이 불탄 비용을 물어내라, 일본에 사절단을 보내서 머리 숙여 사과하라고 요구했어요.

이 조약의 결과로 일본은 조선에 한발 더 깊숙이 들어오게 되었어요. 제물포 조약은 일본이 조선을 집어삼키려는 야심을 그대로 조목조목 적어 요구하며 탐욕을 드러낸 불평등 조약이었어요. 이때부터 조선은 자주 독립국으로서의 위치를 이어 가기 힘들어졌어요.

결국 조선이 일제에 나라를 빼앗기게 되는 일제 강점기가 한발 한발 다가오고 있었지요.

자, 제물포의 슬픈 역사를 기억하며 다음 역으로 출발!

세마역 기발한 아이디어로 적을 물리치다

이번에 정차한 역은 세마역이에요.

이곳은 우리 조상님들의 기발한 아이디어가 이름 속에 숨어 있는 역이에요.

이야기는 임진왜란 때로 거슬러 올라갑니다. 여기서 등장하는 사람은 권율 장군이에요. 권율 장군 하면 행주 대첩부터 떠오른다고요? 오호, 대단합니다. 짝짝짝, 박수를 먼저 보내고요.

권율 장군은 임진왜란 삼 대 대첩 가운데 하나인 행주 대첩을 이끈 장군이지요. 그렇다면 권율 장군은 행주에서만 승리했을까요? 그럴 리가 없죠. 뛰어난 장군은 어디에서나 빛나는 법! 권율 장군은 임진왜란 동안 군대를 지휘하며 곳곳에서 왜군을 물리쳤어요. 그 가운데 권율 장군의 뛰어난 지혜가 새겨진 곳이 세마역 가까이에 있는 '세마대'예요.

지금부터 세마대가 왜 '세마대'가 되었는지, 그 이야기를 해 볼게요.

권율 장군은 군사들을 이끌고 왜에게 빼앗겼던 서울, 한양을 되찾기 위해 이 곳 산성에 머물렀어요. 한데 이 산성은 물이 부족한 곳이었어요. 그러니 많은 군사들이 오랜 시간 머물기는 힘들었지요.

이때 왜군들이 진격해 왔어요. 왜군 장수가 이 산성 주변을 살펴보았어요. 산에 나무가 별로 없는 벌거숭이 산이었어요. 왜군 장수는 씩 미소 지으며 이런 생각을 했을 거예요.

'옳거니, 나무가 없는 것을 보니 이곳은 물이 부족하구나. 그렇다면 이곳을 포위하고 기다리기만 하면, 조선군은 물이 없어 오래 버티지 못하고 항복하겠지. 이 싸움은 쉽게 이기겠는걸. 어디 한번 버텨 보라고.'

그러고는 '너희 물 없지?' 하는 뜻으로 물 한 지게를 산성 위로 올려 보내며 조선군을 깔보고 비웃었어요.

하지만 놀린다고 약 올라할 권율 장군이 아니죠. 권율 장군은 기발한 작전을 폈어요. 군사들에게 흰말을 산 위로 끌고 올라가게 했어요. 그러고는 말 등에 흰쌀을 끼얹으라고 했어요. 멀리서 보면 마치 말을 물로 시원하게 목욕시키는 것처럼 보이도록 말이에요.

산성 아래에서 이 모습을 본 왜군 장수는 깜짝 놀랐어요. 사람 먹을 물도 적어서 버티지 못하고 금방 항복할 거라고 자신만만했는데, 이게 무슨 일인가 하고요. 자기 판단이 틀렸다고 생각했어요. 물이 얼마나 많으면 말 등에 물을 퍼부으며 씻기겠나 하고요. 저렇게 여유 만만한 조선군과 싸움이 길어지면 자기들이 질 것 같으니 스스로 물러났대요.

그래서 지어진 이름이 '씻을 세(洗), 말 마(馬), 평평한 땅 대(臺)', 그러니까 말을 씻은 곳이라는 뜻으로 '세마대'라고 부르게 되었어요.

자, 권율 장군의 지혜에 감탄의 박수를 보내며 1호선 역사 여행은 여기까지입니다. 다음은 2호선으로 갈아탑니다!

역수역의 정보 플러스

사람이 구름처럼 모여드는 조선의 핫 플레이스, **운종가**

조선이 한양을 도읍으로 정하고 궁궐과 종묘를 지었다.
그 뒤 한양 도성을 쌓아 도읍지를 완성했다.
지금의 종로 거리에 시전, 바로 상점들을 마련했다.
상점들이 이어진 거리에 물건을 사고파는 사람들이 모여들었다.
큰 상점, 육의전도 종로에 있었다.
이 거리를 '운종가'라고 불렀다.
많은 사람이 구름(雲, 운)처럼 모였다 흩어지는 거리라는 뜻이다.

화난 구식 군대 일어나다, **임오군란**

임오군란은 신식 군대와의 차별에 화난 구식 군대가 일으켰다.
조선 말, 개화 정책에 따라 서양식 신식 군대 '별기군'이 생겼다.
신식 군대에 비해 원래 있던 구식 군대는 차별을 받았다.
일 년 넘게 녹봉도 받지 못하다 겨우 받은 쌀에 겨와 모래가 섞여 있고,
양도 반밖에 안 되었다.
구식 군대가 기어이 폭발했다.
포도청과 의금부를 습격하고 일본 공사관으로 쳐들어갔다.
명성 황후의 친척들이 정치를 하는 것에 불만이 많던 세력들까지 나섰다.
물러나 있던 대원군이 다시 집권하고 명성 황후는 도망까지 갔다.
이때를 틈타 조선을 간섭하려는 청나라가 군대를 보내 난을 진압했다.
대원군은 청으로 끌려갔다. 결국 조선은 청의 간섭을 받게 되었다.
피해를 보상하라는 일본군까지 조선에 머물게 되었다.
임오군란은 명성 황후의 민씨 정권이 무리하게 추진한 개화 정책에 대한 반발과
어지러운 나라 안에서 어려움을 겪던 군인과 백성들의 저항이었다.

권율 장군의 큰 승리, **행주 대첩**

임진왜란 때, 권율 장군이 행주산성에서 왜군을 크게 무찌른 전투다.
한산도 대첩, 진주 대첩과 함께 임진왜란 삼 대 대첩이다.
대첩이란 적을 크게 무찌른 전투를 말한다.
왜군은 행주산성을 포위하고 맹렬하게 공격했다.
권율 장군은 활과 창으로 싸울 뿐 아니라 화차로 포를 발사했다.
수차석포라는 특별한 무기로 돌을 쏘며 공격을 막았다.
왜군의 조총을 막기 위해 흙으로 제방을 쌓았다.
군사들은 왜군에게 재를 뿌려 눈을 못 뜨게 하는 작전도 폈다.
온갖 방법으로 왜군을 막아 냈다.
마침내 일본군은 큰 피해를 입고 물러갔다.
여자들까지 나서 치마에 돌을 날라 병사들을 도왔다고 한다.
'행주치마'는 전투를 큰 승리로 이끄는 데 도움을 준 여성들의 공을 기리는 뜻에서 행주산성에서 따온 말이다.

깊은 뜻이 담긴, **태극기**

임오군란이 일어나고 제물포 조약이 맺어졌다.
조약 가운데 일본에 사절단을 보낸다는 항목이 있다.
사절단 가운데 박영효가 일본으로 가는 배에서 태극기를 그려 사용했다고 한다.
그 뒤 박영효의 태극기를 고종이 정식 국기로 정했다.
한동안 모양이나 규격과 문양이 제각각이었다.
1949년 대한민국 정부가 세워지고, 국기 문양이 확실하게 정해졌다.
흰 바탕은 밝음과 순수, 평화를 사랑하는 우리 민족성을 나타낸다.
태극 문양은 우리 조상들이 사랑한 전통 무늬다.
태극은 음과 양의 조화, 우주 만물, 대자연의 진리를 표현한다.
네 모서리의 괘는 건곤감리다.
건은 하늘과 정의, 곤은 땅과 풍요,
감은 물과 지혜, 리는 불과 광명의 뜻을 담고 있다.

우리 동네 역의 역사

1호선 지하철역 이름에는 그 이름이 붙여진 이야기들이 담겨 있어요. 우리 동네 역 이름에는 어떤 이야기가 숨어 있을까요?

소요산역

소요산은 작지만, 산의 모양새가 빼어나게 아름다워 '경기도의 작은 금강산'이라고 불렸다. 신라 시대 때는 원효 대사가 암자를 짓고 수행했다고 한다. 조선 시대에는 화담 서경덕, 양사언, 매월당 김시습 등 유명한 선비들이 이 산을 찾아 소요하며 마음을 다스렸다고 한다. '소요'란 자유롭게 이리저리 슬슬 거닐며 돌아다닌다는 뜻이다.

지행역

지행은 '종이 지(紙), 은행나무 행(杏)' 자를 쓴다. 주변에 종이골이 있었다. 닥나무를 재배해 종이를 생산해서 붙여진 마을 이름이다. 또 행단 마을이 있었다. 조선 시대 무신 어유소가 학문을 익힌 은행나무 아래를 '행단'이라고 불러 붙여진 이름이다.

회룡역

회룡사라는 절이 있다. 이 절에는 무학과 이성계의 설화가 전해진다. 조선이 세워지기 전, 무학과 이성계는 이곳 굴속에서 기도를 드렸다고 한다. 이성계가 왕이 된 뒤 무학을 다시 찾아와 절 이름에 '돌아올 회(回), 임금 룡(龍)' 자를 붙였다고 한다. 함흥에 갔던 이성계가 돌아온 것을 기뻐하며 무학이 '회룡사'라고 이름 붙였다는 이야기도 있다.

창동역

조선 후기에 곡식 창고가 있던 곳이라서 붙여진 이름이다.

녹천역

옛날 중랑천에서 사슴이 목욕하고 간 뒤, 이곳의 농사가 잘되고 마을 일이 순조로워 '사슴 녹(鹿), 시내 천(川)' 자가 붙여졌다.

월계역

맑은 시냇물(溪, 계)에 달(月, 월)이 비쳐서 '월계', 혹은 중랑천과 우이천으로 둘러싸인 땅 모습이 반달 모양이라서 붙여졌다고도 한다.

온양온천역

백제 때는 '온정', 고려 때는 '온수', 조선 시대에는 '온양'이라 불렸다고 한다. 조선 태조, 세종, 세조 등 여러 왕이 이곳에 왔다고 한다.

천안역

고려 태조가 '하늘(天, 천) 아래의 으뜸가는 군사적으로 중요한(安, 안) 곳'이라고 해서 붙여졌다고 한다.

평택역

땅이 평평(平, 평)하고 탁 트여 있으며, 연못(澤, 택)이 많아서 붙여졌다고 한다.

오산역

옛날에 까마귀가 많아서 '까마귀 오(烏)'를 썼다고도 하고, 멀리 떨어진 외딴 산이 있어서 '외뫼'라고 했는데, 이 말이 변했다고도 한다. 혹은 '외로울 고(孤)' 자가 변해서 '오산'으로 불렸다고도 한다.

당정역

옛날에 신을 모시던 신당에 우물이 있어, 이곳을 '당 우물' 또는 '당정'이라고 불렀다.

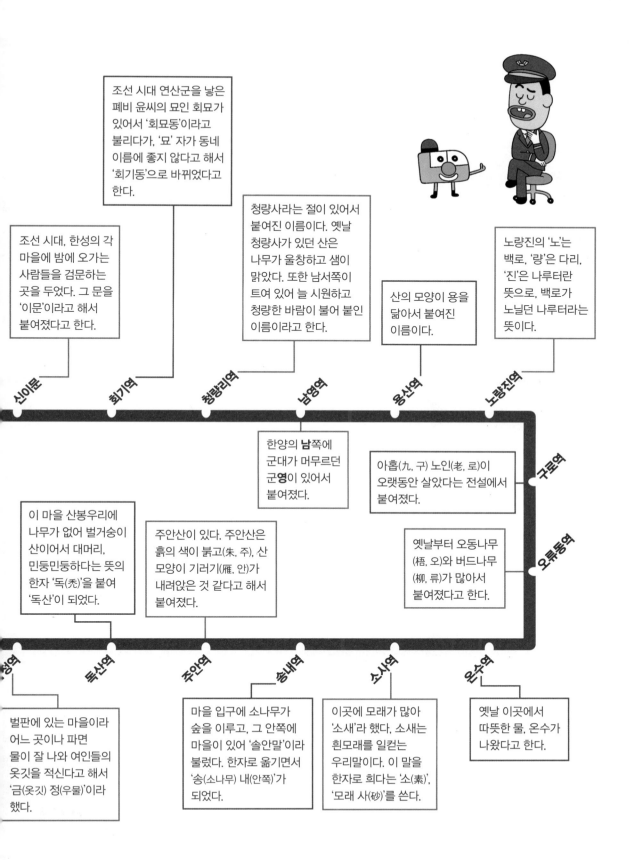

신이문

조선 시대, 한성의 각 마을에 밤에 오가는 사람들을 검문하는 곳을 두었다. 그 문을 '이문'이라고 해서 붙여졌다고 한다.

회기역

조선 시대 연산군을 낳은 폐비 윤씨의 묘인 회묘가 있어서 '회묘동'이라고 불리다가, '묘' 자가 동네 이름에 좋지 않다고 해서 '회기동'으로 바뀌었다고 한다.

청량리역

청량사라는 절이 있어서 붙여진 이름이다. 옛날 청량사가 있던 산은 나무가 울창하고 샘이 맑았다. 또한 남서쪽이 트여 있어 늘 시원하고 청량한 바람이 불어 붙인 이름이라고 한다.

남영역

한양의 **남**쪽에 군대가 머무르던 군**영**이 있어서 붙여졌다.

용산역

산의 모양이 용을 닮아서 붙여진 이름이다.

노량진역

노량진의 '노'는 백로, '량'은 다리, '진'은 나루터란 뜻으로, 백로가 노닐던 나루터라는 뜻이다.

구로역

아홉(九, 구) 노인(老, 로)이 오랫동안 살았다는 전설에서 붙여졌다.

오류동역

옛날부터 오동나무(梧, 오)와 버드나무(柳, 류)가 많아서 붙여졌다고 한다.

정역

벌판에 있는 마을이라 어느 곳이나 파면 물이 잘 나와 여인들의 옷깃을 적신다고 해서 '금(옷깃) 정(우물)'이라 했다.

독산역

이 마을 산봉우리에 나무가 없어 벌거숭이 산이어서 대머리, 민둥민둥하다는 뜻의 한자 '독(禿)'을 붙여 '독산'이 되었다.

주안역

주안산이 있다. 주안산은 흙의 색이 붉고(朱, 주), 산 모양이 기러기(雁, 안)가 내려앉은 것 같다고 해서 붙여졌다.

송내역

마을 입구에 소나무가 숲을 이루고, 그 안쪽에 마을이 있어 '솔안말'이라 불렀다. 한자로 옮기면서 '송(소나무) 내(안쪽)'가 되었다.

소사역

이곳에 모래가 많아 '소새'라 했다. 소새는 흰모래를 일컫는 우리말이다. 이 말을 한자로 희다는 '소(素)', '모래 사(砂)'를 쓴다.

온수역

옛날 이곳에서 따뜻한 물, 온수가 나왔다고 한다.

2호선

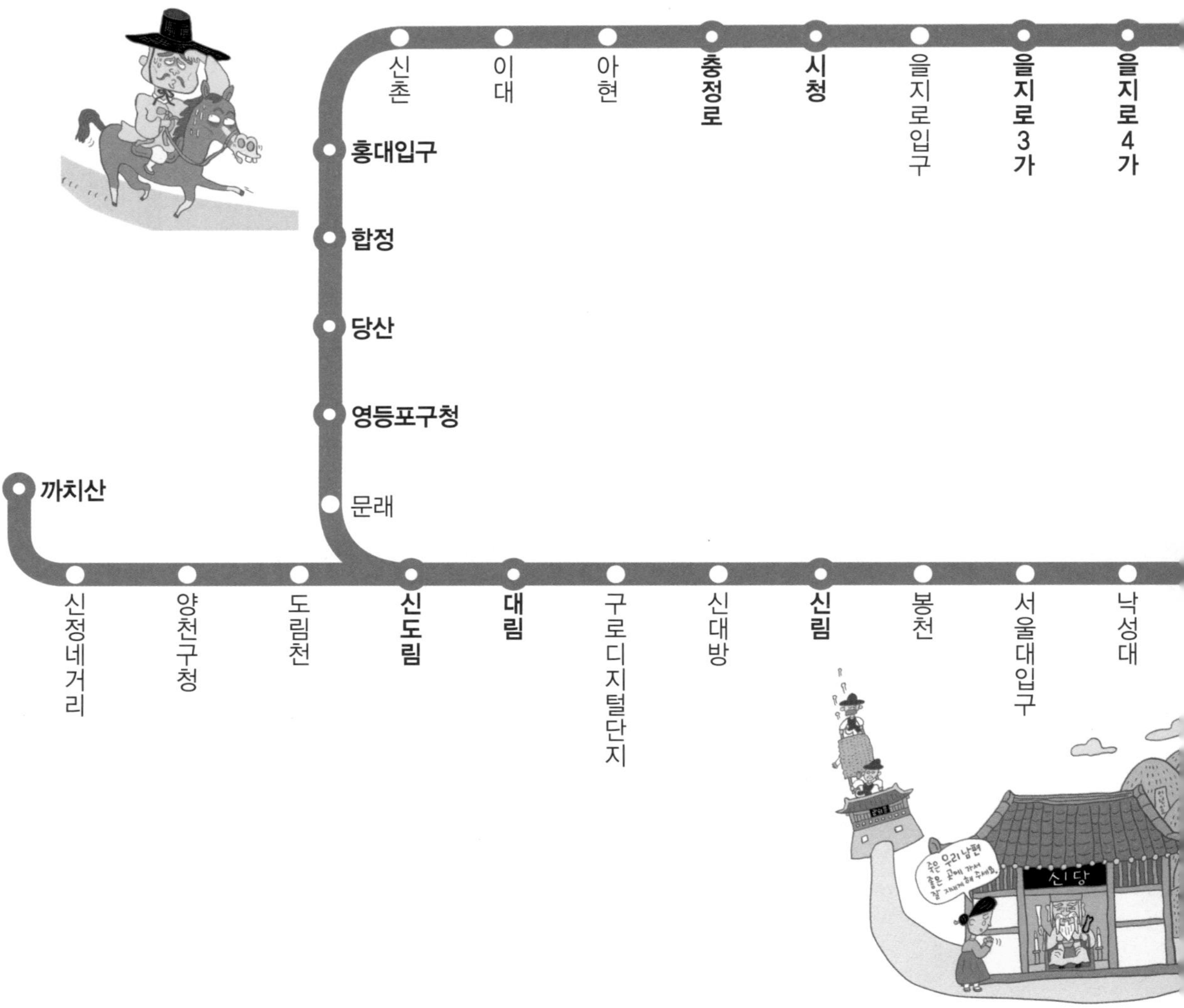
신촌
이대
아현
충정로
시청
을지로입구
을지로3가
을지로4가
홍대입구
합정
당산
영등포구청
문래
까치산
신정네거리
양천구청
도림천
신도림
대림
구로디지털단지
신대방
신림
봉천
서울대입구
낙성대
신당

지하철 2호선은 서울의 한강 북쪽과 남쪽을 넘나드는 순환선이에요. 순환선의 '환'은 고리라는 뜻이에요. 동그란 고리는 한 곳에서 시작해 쭉 따라가면 다시 제자리로 오지요. 지하철 2호선도 계속 타고 있으면 출발한 역으로 다시 돌아와 순환선이에요.
자, 그럼 2호선 지하철 역사 여행 출발합니다.

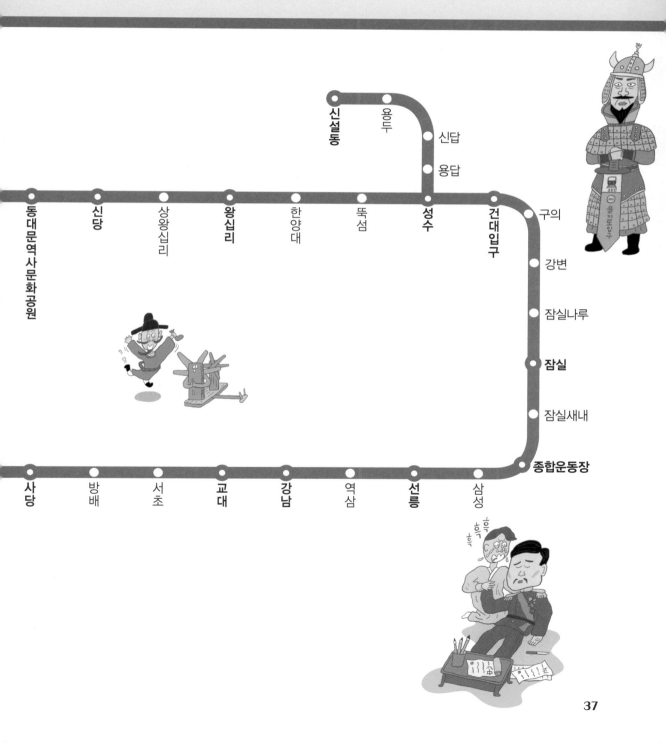

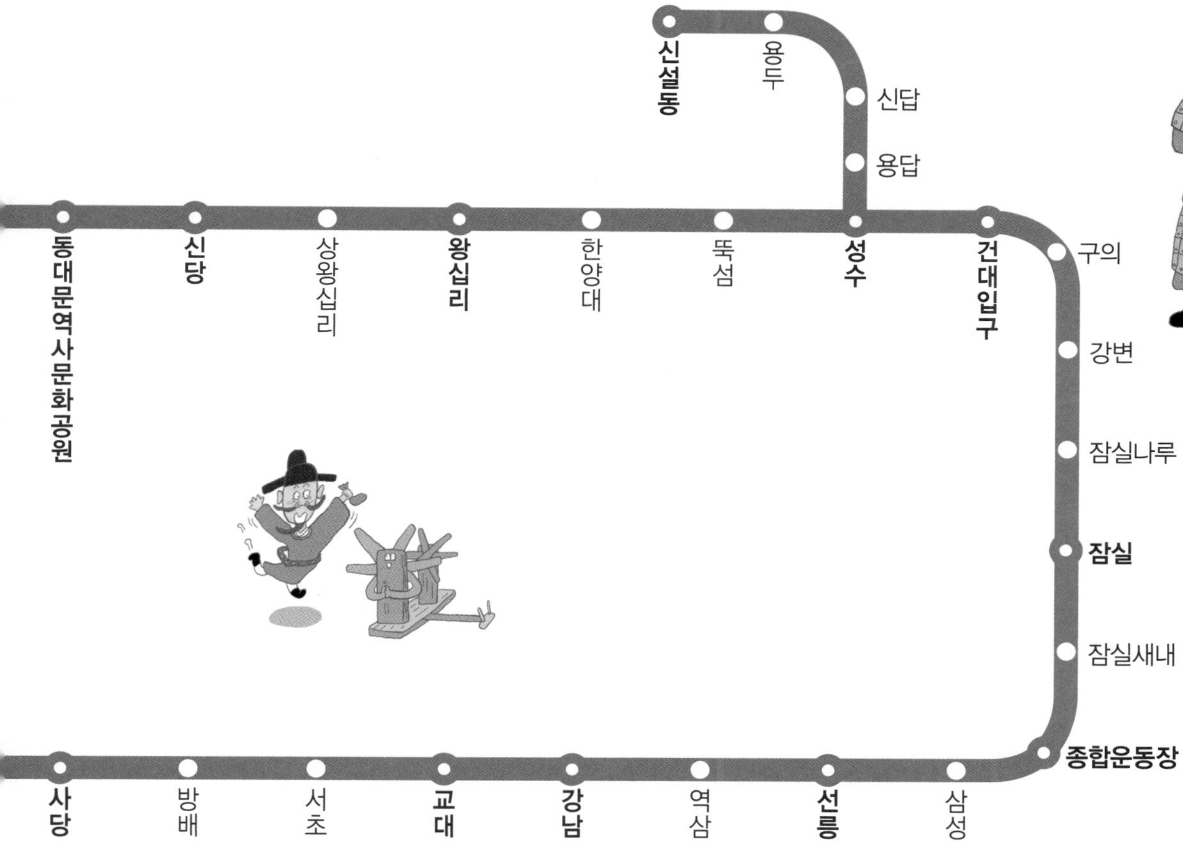

을지로입구역 고구려 장수 을지문덕 나가신다

이번에 정차한 역은 을지로입구역이에요. 다음으로는 을지로3가역, 을지로4가역으로 이어져요.

조선 시대에는 이곳을 '구리개'라고 했어요. 옛날에 이곳은 나지막하고 몹시 질척한 황토 고개였대요. 멀리서 이 고개를 바라보면, 마치 구리가 햇볕에 반짝이는 듯해 '구리빛 고개, 구리 고개, 구리개'라고 했어요.

구리는 붉은 갈색을 띤 금속이에요. 누런 흙이 물기를 머금어 붉은 갈색을 띤 모습이 마치 구리색처럼 보였나 봐요.

구리빛 나는 고개, 구리개에는 약초 냄새가 가득했대요. 약초가 또 뭐냐면 약으로 쓰이는 풀을 말해요.

조선 시대에 나라에서 만든 의원, 그러니까 국립 병원이었던 혜민서가 이곳에 있었어요. 옛날에도 요즘처럼 병원 가까이에는 약국이 많이 있었어요. 혜민서 주변으로 약방들이 즐비했대요. 약방에는 온갖 약초들이 많았을 테니 약초 냄새가 폴폴 났겠지요. 구리개에 가면 못 구하는 약이 없다고 할 정도였대요.

그렇다면 조선 시대 약방 거리였던 '구리개'가 어떻게 '을지로'가 되었을까요?

일제 강점기 때 이야기를 또 해야겠네요. 일제 강점기 때 우리말을 못 쓰게 하고, 심지어 이름까지 강제로 일본식으로 바꾸게 했다는 이야기 들어 봤나요? 사람 이름도 억지로 바꾸게 했는데 우리 땅 이름도 가만 둘 리 없겠지요. 동네 이름, 마을 이름을 마구 바꿔 불렀어요.

광복이 되고 다시 나라를 되찾은 뒤, 우리말과 우리 이름도 되찾았어요. 일본식으로 불렀던 거리 이름도 다시 고쳐 부르기로 했어요. 이때 우리의 훌륭한 조상님들의 이름을 따왔어요.

자, 그럼 '을지로'의 '을지'는 누구 이름에서 따왔을까요? 잘 안 떠오른다고요? 힌트는 고구려, 살수 대첩. 이 정도 힌트면 딱 떠올라야죠. 그래도 안 떠오른다면 이번 기회에 확실히 익혀 두세요. 그 사람은 바로 고구려의 장수 을지문덕이에요. '을지로'는 을지문덕의 '을지'입니다.

백만 대군이라는 어마어마한 수의 중국 수나라 군대가 고구려를 침략했어요. 수나라보다 훨씬 적은 수의 고구려군을 이끌고 적군을 막아 내야 했던 을지문덕은 슬기로운 계책을 폈어요.

거짓 항복으로 적진까지 들어가 적을 살피기로 한 거죠. 일부러 지는 척하며 적군을 고구려 깊숙이 끌어들여 적군을 지치게도 했어요. 멋진 시 한 편을 지어 보내기도 했는데, 그만하면 됐으니 이제 그만 돌아가라는 내용으로 적장을 은근히 골리기도 했어요.

마침내 수의 군대는 살수에서 크게 패했어요. 살아남은 수나라 군사들은 허겁지겁 자기 나라로 돌아갔어요. 살수 대첩은 고구려가 어마어마하게 많은 수나라 군사를 물리치는 데 아주 중요한 승리였어요.

우리 역사에서 큰 승리를 거둔 전쟁 하면 조선 이순신의 한산도 대첩, 고려 강감찬의 귀주 대첩, 그리고 을지문덕의 살수 대첩을 꼽아요.

자, 우리나라를 지켜 주신 을지문덕 장군께 깊은 감사를 전하며 다음 역으로 출발!

신당역 성문 밖으로 나가는 마지막 길

이번에 정차한 역은 신당역이에요.

'신당'은 새롭다는 '신(新)', 집이라는 '당(堂)' 자를 써요. 원래 '신' 자는 '새롭다'가 아니라 '귀신'을 뜻하는 글자였어요. 그러니까 신당은 '신을 모시는 집'이란 뜻이었어요.

옛날 이곳에 무당이 신을 모시는 당집이 모여 있어서 동네 이름이 '신당리'가 되었어요. 신당리가 '신당동'이 되었고, 여기서 역 이름을 따왔어요.

왜 이곳에 당집들이 모여 있었을까요? 그 이유는 광희문 이야기로 이어져요.

광희문은 조선의 도읍지, 한양 도성의 작은 문 가운데 하나예요. 앞서 동대문역에서 동대문, 남대문, 서대문, 북대문이 도성의 사대문이라고 했지요. 그 대문과 대문 사이에 작은 문들이 또 있었어요. 이것을 네 개의 작은 문이라고 '사소문'이라고 해요. 그중 동대문과 남대문 사이에 있던 작은 문이 광희문이에요. 북대문과 동대문 사이에는 혜화문이 있었고, 남대문과 서대문 사이에 소덕문, 서대문과 북대문 사이에 창의문이 있었어요.

이 가운데 광희문에는 또 다른 이름이 있었어요. '시구문'이라고도 불렸어요. 시구문이란 시체가 나가는 문이란 뜻이에요.

한양 도성에는 귀신이 드나드는 문까지 있었다는 말일까요? 비슷하기도 하지만 정확히 그런 뜻은 아니에요.

조선 시대에는 한양 도성 안에 무덤을 만들지 못하게 했어요. 조선 시대 전에는 도읍지 안에 무덤들이 있었어요. 대표적으로 신라의 도읍지였던 경주에는 지금도 거대한 왕릉들이 많이 남아 있지요.

조선 시대에는 도성 안에서 사람이 죽으면 시신을 도성 밖으로 내보내야 했어요. 이때 동쪽으로 가는 장례 행렬은 광희문을 통해 나갔어요. 그래서 시신을 내보내는 문이라 해서 시체를 뜻하는 '시(屍)', 출입문을 뜻하는 '구(口)' 자를 써 '시구문'이라고도 불렀어요. 서쪽 시구문은 소덕문(소의문)이에요.

광희문, 그러니까 시구문으로 나가는 죽은 사람의 넋을 달래기 위해 이곳에 신당들이 많이 생겼대요.

조선 말, 고종 때는 광희문 밖 언덕에 묘지가 빼곡히 들어찼다고 해요. 이곳을 신당리 공동묘지라고 했어요. 이 공동묘지 주변으로 무당들이 신을 모시는 당집이 모여 있어 이곳이 신당 마을, '신당동'이 되었어요.

그러다가 귀신을 믿는 풍습이 사라지면서 마을 이름도 '귀신 신(神)' 자와 소리가 같은 '새로울 신(新)' 자로 바꾸었어요.

지금은 신당동 하면 무엇이 떠오를까요? 그렇죠! 맛있는 떡볶이죠. 지금은 우리가 좋아하는 떡볶이를 파는 가게가 즐비한 떡볶이 골목으로 유명해요.

자, 군침을 삼키며 다음 역으로 출발!

왕십리역 여기 아니야. 십 리를 더 가야 해

이번에 정차한 역은 왕십리역이에요.

1호선에 이어 2호선 역사 지하철을 타고 여행을 하다 보니, 이제는 이름을 보면 눈치가 좀 생기지요? '왕십리'라. '왕'과 거리를 뜻하는 '십 리' 사이에 뭔가 관계가 있어 보인다고요? 네, 비슷하기도 하고 아니기도 하네요. 그럼 어떤 일과 관계된 이야기일까요?

왕십리에는 조선이 나라를 세우고 도읍을 정할 때의 이야기가 담겨 있어요.

이성계가 새로운 나라 조선을 세웠어요. 고려 시대가 끝나고 새로운 나라를 열었으니 나라의 중심인 도읍도 새로운 곳에 만들기로 했어요. 태조 이성계는 무학 대사에게 조선의 도읍지로 어디가 좋을지 찾아보라고 명했어요.

무학 대사는 우리 땅 이곳저곳을 살피며 새로운 나라에 가장 좋은 도읍지를 찾으러 다녔어요. 그러다 배를 타고 뚝섬 나루에서 한강을 건넜어요. 배에서 내리니 넓은 벌판이 보였어요.

"음, 여기도 좋군."

무학 대사가 넓은 벌판을 보며 살피고 있는데, 소를 몰고 가던 농부가 중얼거리는 소리가 들렸어요.

"이 소의 미련하기가 꼭 무학 같구나."

무학 대사는 자기를 나무라는 소리에 깜짝 놀랐어요. 무학 대사는 농부가 보통 사람이 아니라고 생각하며 다가가 물었어요.

"좋은 터를 찾고 있습니다. 어디가 좋겠습니까?"

"여기서 서쪽으로 십 리를 더 가시오."

자신을 미련하다고 야단치는 사람에게 화를 내기는커녕, 보통 사람이 아니란 것을 알아채다니 무학 대사도 참 대단하죠? 어디가 좋은 터냐는 질문에 단박에 십 리를 더 가라고 답하는 농부도 대단하고요.

무학 대사는 농부의 말대로 그곳에서 십 리를 더 갔더니 진짜로 도읍지로 딱 알맞은 곳을 발견했어요. 그곳이 바로 한양이었어요. 그래서 무학 대사가 농부를 만났던 곳이 왕십리가 되었어요. 간다는 뜻의 '왕(往)', 열을 뜻하는 '십(十)', 마을이란 뜻의 '리(里)'를 써 '왕십리'라고 불리게 되었다고 전해져요.

덧붙여서, 무학 대사를 꾸짖었던 예사롭지 않은 농부는 정말로 보통 농부가 아니었다는 이야기도 있어요. 몇백 년 전 신라 때 깨달음이 높았던 스님 도선이 환생한 사람이었다고 전해져요. 도선은 어느 곳이 복이 있는 땅이고, 어디가 나쁜 운이 드는 곳인지를 아는 스님이었다고 해요.

그러나! 이 이야기는 백성들 사이에서 전해지는 전설이에요. 역사 기록에 의하면 왕십리는 고려 때 이미 '왕심리'라고 불렸다고 해요. 고려 때부터 내려오던 '왕심리'라는 고을 이름에서 비롯되어 '왕십리'라 불렸다고 볼 수 있어요.

그럼 첫 질문으로 돌아가 봐요. 무학 대사의 전설에 따른다면, 이곳에서 십 리를 더 가 왕이 사는 곳을 정했으니, 왕과 십 리를 떨어져 있는 곳이라는 말이 맞기는 하지요. 하지만 글자의 의미는 '왕(往)' 자가 '가다'라는 뜻이니 조금 달라요. 이 전설은 한 나라의 도읍을 정하는 일이 얼마나 중요했는지를 보여 줘요.

자, 왕이 사는 도읍과 십 리보다 더 멀어지면서 다음 역으로 출발!

잠실역 애벌레 누에야, 쑥쑥 잘 자라라

이번에 정차한 역은 잠실역이에요.

'잠실'의 '잠(蠶)'은 누에, '실(室)'은 집이나 방을 말해요. 공부하는 방을 '교실(教室)'이라고 부르듯이 말이지요. 그러니까 '잠실'은 누에를 기르는 방이라는 한자 말이에요.

여기서 질문이 나오겠죠? "그런데 누에가 뭐예요?" 하고 말이지요. 누에는 누에나방의 애벌레예요. 여기서 또 질문이 나오겠죠? 벌레를 싫어한다면, "으악, 왜 벌레를 길러요?" 하고요. 뭔가를 기르기 좋아한다면, "오, 애벌레 기르기 재밌겠어요. 나도 길러 볼래요." 하고 말하겠지요.

우리 조상들은 약 삼천 년 전부터 누에를 길렀어요. 양잠이라고 해요. 기른다는 뜻의 '양(養)', 누에를 뜻하는 '잠(蠶)' 자를 써서요.

누에를 왜 길렀냐고요? 누에가 뽕나무의 잎을 먹고 자라 만들어 낸 고치를 얻기 위해서였어요. 고치는 또 뭐냐고요? 고치는 누에가 번데기로 변할 때 자기 몸을 둘러싸서 만든 둥글고 길쭉한 모양의 집이에요. 누에를 기르는 이유는 바로 이 고치를 얻기 위해서예요.

한 개의 고치를 풀어내면 약 1,500미터의 실이 되기 때문이에요. 작은 애벌레가 엄청난 길이의 실을 만들어요. 이 실을 명주실이라고 해요. 이 실로 만든 옷감을 명주라고 하는데, 바로 비단이에요. 빛깔이 멋지고 부드러운 아주 고급 옷감이에요. 실크라고도 해요.

삼국 시대, 고려 시대에는 나라에서 백성들에게 양잠을 적극 권했어요. 조선 시대로 이어지면서 양잠을 더욱 권하고 장려했어요. 기술도 한층 발전했어요.

왕이 직접 농사를 지어 보였던 제기동역의 선농단 행사 기억하지요? 이와 마찬가지로 왕비는 양잠을 하는 '친잠' 행사를 했어요. 옛날에는 옷 짓는 일은 여자가 맡았기 때문에, 왕비가 백성들에게 양잠을 권하기 위해서였어요.

왕비와 세자빈과 부인들이 직접 뽕잎을 따기도 하고, 다 자란 누에를 갈무리하는 행사도 했어요. 친잠 행사는 왕비가 해야 할 아주 중요한 임무였어요. 그만큼 양잠을 중요하게 여겼어요.

이렇게 왕비가 나서서 양잠을 권했을 뿐 아니라, 양잠하는 곳을 나라에서 만들기도 했어요.

세종 대왕이 지금의 잠실 바로 이곳 넓은 땅에 누에가 먹을 뽕나무를 많이 심고, 나라에서 운영하는 국립 양잠소, '잠실도회'를 만들었어요.

잠실도회가 있던 곳이라고 해서 이곳을 '잠실'이라 부르게 되었어요.

자, 우리에게 고운 명주실을 선물해 준 누에에게 감사하며 다음 역으로 출발!

역삼역 말들을 위한 맛집이 바로 여기

이번에 정차한 역은 역삼역이에요.

앞으로 읽어도 '역삼역', 뒤로 읽어도 '역삼역'이지요. '역삼'은 역이 셋 있다는 뜻이에요.

바로 질문 들어오겠죠? 역삼역은 역이 하나뿐인데, 왜 셋 있다고 하냐고요.

우리가 알고 있는 '역'이라고 하면 기차나 전철이 멈춰 서는 정거장을 말해요. 그런데 조선 시대에는 기차나 전철이 없었는데도 역이 있었어요. 그러니까 그 역은 다른 역이에요. 딱 하나는 같아요. 교통수단이 잠시 멈춘다는 점이에요. 옛날에 중요한 교통수단이었던 말이 잠시 멈추는 곳이 '역'이었어요.

조선 시대에 지방을 오가는 관리들을 위해 잠자리와 먹을 것을 주던 곳을 '원'이라고 했어요. 그럼 오가는 관리들이 이용한 교통수단은 뭐였을까요? 그때는 걸어가거나 말을 타고 가야 했겠지요. 그래서 원이나 역에서 말을 관리했어요. 지친 말을 쉬게 하거나 다른 말로 바꿔 주기 위해 말을 준비해 두기도 했어요.

옛날 이곳은 역 마을이었어요. 말죽거리, 윗방아다리, 아랫방아다리라는 마을이에요. 그래서 역 마을이 셋 있어서 이곳 이름이 '역삼'이 되었다고 해요.

그 가운데 '말죽거리'라는 마을 이름에는 여러 이야기가 있어요.

말죽거리는 말 그대로 말죽과 관련된 이야기들이 전해져요. 역이란 오가는 관리들의 말을 관리해 주는 곳이라고 했지요. 그래서 한양에서 남쪽으로 오가는 사람들이 탄 말에게 말죽을 끓여 먹이도록 한 곳이라서 '말죽거리'라고 불렸다고 해요.

또 다른 이야기도 있어요. 옛날에는 제주도에서 좋은 말을 많이 길러 냈다고 해요. 그래서 제주도를 말의 고장이라고도 했어요.

그러니까 제주에서 한양으로 말을 보내는 일도 있었겠지요. 이렇게 제주도에서 한양 가까이까지 먼 길을 온 말을 이곳에서 마지막으로 잘 살피고, 말죽을 끓여 먹여서 한양으로 보냈어요. 그래서 이곳이 '말죽거리'가 되었다고 해요.

말과 죽에 관한 또 다른 이야기도 있어요.

조선 인조 임금이 난을 피해 남쪽으로 가는 일이 있었어요. 인조는 이곳에 이르러 목도 마르고 배도 고파 힘들었어요. 그러자 신하들이 급하게 죽을 쒀 임금에게 바쳤어요. 인조는 말 위에서 그 죽을 마시고 남쪽으로 내려갔대요. 그래서 임금이 말 위에서 죽을 먹었다고 '말죽거리'라고 불리게 되었다고 해요.

역삼역에 얽힌 세 가지 이야기의 공통점은 모두 사람이나 말이 쉬어 가던 곳이라는 점이에요.

자, 우리도 잠시 쉬었으니 다음 역으로 출발!

역수역의 정보 플러스

고구려를 지킨 을지문덕의 **살수 대첩**

수나라는 여러 나라로 나뉘었던 중국을 통일한 왕조다.
수나라는 백만이 넘는 군대를 이끌고 고구려를 쳐들어왔다.
엄청난 수의 군대가 공격해도 고구려의 요동성이 무너지지 않았다.
초조해진 수나라는 삼십만의 별동대로 고구려의 도읍지, 평양을 치기로 했다.
을지문덕은 수나라의 별동대를 고구려 깊숙이 끌어들이는 작전을 짰다.
일부러 지는 척하며 수나라의 군사들을 지치게 했다.
지친 별동대는 고구려 왕이 항복할 줄 알고 돌아가기로 했다.
을지문덕과 군사들은 지금의 청천강, 살수에서 돌아가는 별동대의 뒤를 쳤다.
삼십만의 별동대 가운데 겨우 이천칠백여 명만이 살아 도망갔다.
살수 대첩은 고구려가 수나라를 물리친 결정적 승리였다.
그 뒤, 수나라는 몇 번이나 고구려를 침략했지만 단 한 번도 이기지 못했다.

한양 도성의 네 개 작은 문, **사소문**

사대문 사이사이 네 개의 작은 문들이 사소문이다.
홍화문, 소덕문, 광희문, 창의문이다.
홍화문은 도성에서 함경도 등 북방으로 나가는 문이었다.
뒤에 이름이 '혜화문'으로 바뀌었다.
소덕문도 뒤에 '소의문'이라고 이름이 바뀌었다.
광희문처럼 도성 안 사람이 죽으면 서쪽으로 나갈 때 이용하던 문이다.
조선 후기에는 소의문 밖에 칠패라는 큰 시장이 생겼다.
소의문은 일제가 없애 버려 지금은 문의 모습을 찾아볼 수 없다.
창의문은 경복궁 뒤 북악산 서쪽에 있다.
창의문은 사소문 가운데 유일하게 온전하게 남아 있다.

조선 태조 이성계와 **무학 대사**

무학 대사의 법명, 스님으로서의 이름은 자초다.
'무학'은 호다. '대사'란 큰 스님이란 뜻이다.
무학 대사는 조선을 세운 태조 이성계와 가까운 사이였다.
도읍을 정할 때도 무학 대사가 이곳저곳을 다니며 살폈다.
이성계가 왕에서 물러나 함흥으로 가서 돌아오지 않았을 때도
무학 대사가 찾아가니 돌아왔다고 한다.
이성계와 무학 대사에 관해 전해 오는 이야기가 있다.
어느 날 같이 밥을 먹다 이성계가 무학에게 농담을 했다.
"오늘따라 대사님이 돼지같이 보입니다."
무학은 허허 웃으면서 대답했다.
"당신은 부처님같이 보이십니다."
이성계는 무학을 돼지라고 했는데도 무학은 이성계를 왜 부처 같다고 했을까?
이성계가 그 이유를 묻자, 무학이 또 허허 웃으며 대답했다.
"돼지 눈에는 돼지만 보이고, 부처 눈에는 부처만 보이는 법이오."
이 순간 누가 돼지고, 누가 부처가 되었을까?

인조 왕을 피난 가게 한, **이괄의 난**

인조는 광해군을 몰아낸 인조반정으로 왕이 되었다.
왕이 되고 얼마 되지 않아 이괄이 난을 일으켰다.
인조반정 때 공을 세웠던 이괄은 자신의 공을
제대로 인정해 주지 않았다며 함경도에서 반란을 일으켰다.
이괄이 한양까지 쳐들어오자, 인조는 지금의 공주, 공산성까지 피난을 갔다.
덧붙이는 이야기로, 피난 온 인조에게 한 농부가 떡을 해 바쳤다.
인조가 아주 맛있다는 뜻으로 "절미로구나." 하며 떡의 이름을 물었다.
떡 이름을 아무도 몰라 떡을 만든 사람이 임씨라고만 답했다.
인조는 임씨가 만든 가장 맛있는 떡이라면서 '임절미'라고 했다.
임절미가 훗날 인절미가 되었다고 전해진다.

낙성대역 하늘의 별이 내리고 아기가 태어나고

이번에 정차한 역은 낙성대역이에요.

이 역의 이름은 가까이에 낙성대가 있어서 붙여졌어요. 낙성대는 고려 때 장군, 강감찬이 태어난 곳으로, 지금은 그를 모시는 사당이에요. 사당이란 제사를 지내는 집이에요.

강감찬 장군은 거란과의 흥화진 전투에서 승리를 거둔 장군으로 유명해요. 이때 미리 강의 상류를 막았다가, 거란군이 강을 건널 때 둑을 터뜨리는 작전을 펼쳤지요. 그뿐만이 아니라 우리나라 역사에서 큰 승리를 거둔 전쟁, 삼 대 대첩 가운데 하나인 귀주 대첩 승리도 빼놓을 수 없지요.

그런데 강감찬 장군이 태어난 이곳을 왜 '낙성대'라고 부를까요? 강감찬 장군의 탄생에 얽힌 전설에 그 이유가 숨어 있어요.

'낙성대'란 이름을 살펴보면 떨어진다는 뜻의 한자 '낙(落)', 하늘의 별을 뜻하는 '성(星)', 그리고 집터를 말하는 '대(垈)'를 써요. 그러니까 별이 떨어진 집을 말해요.

강감찬의 집으로 별이 떨어졌을까요? 설마 별이 떨어져 집이 다 부서져 버렸을까요? 그럴 리는 없겠죠. 별은 강감찬 장군의 탄생 전설을 만들었어요.

어느 날 밤, 고려를 찾은 중국 사신이 이 마을을 지나고 있었어요. 그때 하늘을 올려다보니 대단한 장면이 눈에 들어왔어요. 하늘의 큰 별이 내려와 어느 집으로 들어갔어요. 중국 사신은 하도 신기해 아랫사람에게 그 집을 찾아가 알아보라 했어요. 그랬더니 그 집에서 그 시각에 아들이 태어났다지 뭐예요. 그 아기가 자라서 누가 되었을까요? 네, 바로 강감찬 장군이에요.

그러니까 강감찬 장군은 별의 기운을 받고 태어난 아이였던 거예요. 별의 기운을 받았다는 말은 바로 하늘이 내린 사람이라는 뜻이 아닐까요?

적의 침입을 받아 어려움에 빠진 고려를 지켜 낸 강감찬은 하늘이 보낸 특별한 사람이라는 말이겠지요.

이런 전설이 만들어진 이유는, 거란이라는 무시무시한 적을 물리친 강감찬 장군을 향한 감사한 마음 때문이 아닐까요?

훗날 고려 사람들이 강감찬이 태어난 터에 탄생 전설에 맞춰 '낙성대'라는 글자를 새긴 비석과 탑을 세워 기념했어요. 그런데 임진왜란 때 왜군들이 탑을 망가뜨리고, 탑 안에 있던 보물까지 훔쳐 간 일이 있었어요. 아마도 왜군들이 고려를 지킨 강감찬 장군의 용맹한 정신이 무서워서 그런 것이 아니었을까요?

지금은 다시 정비해 역사적 의미가 담긴 사적지로 잘 가꾸어지고 있어요.

자, 별의 기운을 받은 장군님의 나라 향한 충성스러운 마음을 생각하며 다음 역으로 출발!

문래역 물레야, 물레야, 뱅글뱅글 돌아라

이번에 정차한 역은 문래역이에요.

다짜고짜 질문부터 할게요. '문래'를 읽을 때 어떻게 발음해야 할까요? 다짜고짜 한글도 못 읽는 사람 취급한다고 화내지 마세요. 당연히 '문래'라고 대답하겠죠? 질문이 너무 시시하다고요? 아니요. "쓸 때는 그렇게 쓰지만 읽을 때는 '물래'라고 발음한다."가 정답이에요.

'물래'라는 발음에 떠오르는 것이 있나요? 아마도 딱히 없겠죠? 여러분이 입는 옷은 어디서 만드냐고 하면 공장이라고 대답할 테니까요.

먼 옛날에는 많은 집에서 직접 솜이나 털을 '어떤 기계'를 이용해 실로 만들고, 그 실을 베틀로 짜서 옷감을 만들었어요. 그 옷감으로 정성스럽게 한 땀 한 땀 바느질해 옷을 만들었어요.

문래역 이야기하는데, 왜 옛날 옷 만드는 과정을 설명하냐고요? 실을 만드는

'어떤 기계', 그것이 바로 물레니까요. '물레'와 '문래'는 글자가 다르다고요? 다르지만 앞에서 '문래'를 어떻게 읽는다고 했나요? '물래'라고 했지요. 발음 소리가 비슷하지요.

그럼 지금부터 문래역이 왜 '문래'역인지 이야기할게요.

여러분은 문익점이란 조상님을 아나요? 고려 때, 중국 원나라에 갔다가 돌아오면서 목화씨를 가져와 우리나라도 목화를 재배할 수 있게 한 사람이라고 알려져 있어요.

그뿐만이 아니에요. 문익점은 목화솜으로 실을 잣는 물레도 백성들에게 널리 알려 주었다고 해요. 목화솜으로 실을 만들고, 그 실로 옷감을 만들어야 비로소 옷을 만들어 입을 수 있으니까요.

문익점이 가져온 목화씨에서 나온 목화솜으로 만든 무명옷은 그전까지 입던 삼베옷에 비해 부드럽고 따뜻해서 백성들에게 큰 도움이 되었어요. 목화솜 이불과 무명옷이 우리 땅의 대단한 추위를 이겨 낼 수 있게 했거든요.

지금 우리가 입는 부드러운 면 티셔츠도 목화솜으로 만들어요. 이쯤에서 "문익점 선생님, 감사합니다."를 외칩니다.

그럼 시대를 훌쩍 건너뛰어, 일제 강점기 때는 이곳에 작은 방직 공장들이 생겨났어요. 방직 공장이란 실을 뽑아서 옷감을 만드는 공장이에요. 일본 사람들이 이곳을 '사옥정'이라고 불렀는데, '사(絲)'는 '실'이라는 뜻의 한자예요. 그렇게 불리다가 1945년 광복 뒤, 이곳 이름을 '문래동'이라고 고쳐 부르게 되었어요.

또 다르게는 문익점의 '문'과 가져온다는 뜻의 한자 '래(來)'를 붙여서 '문래동'이라 부르게 되었다고도 해요.

혹은 실을 잣는 물레를 살려 '문래'가 되었다고도 전해져요.

여러 이야기들이 모두 실로 옷감을 만드는 일과 관계가 있지요.

자, 물레가 돌아가듯이 뱅글뱅글 순환하는 2호선 다음 역으로 출발!

이대역 예쁜 배꽃이 활짝 피는 이화 학당

이번에 정차한 역은 이대역이에요.
이화 여자 대학교가 가까이 있어서 이화의 '이'와 대학교의 '대'로 줄여서 '이대' 역이라고 불러요.

이화 여자 대학교는 이름에서 알 수 있듯이 여자들만 갈 수 있는 대학교예요. 이화 여자 대학교는 1886년 조선에 기독교를 전하기 위해서 온 미국 선교사 스크랜튼이 초, 중, 고등 과정을 가르치기 위해 세운 학교예요.
그 이듬해에 당시 조선의 왕이었던 고종이 '이화 학당'이라는 이름도 지어 주었어요. '이화'는 배나무를 뜻하는 '이(梨)', 꽃을 뜻하는 '화(花)'라는 한자로, 배꽃이라는 예쁜 이름이에요. '학당'은 학교라는 뜻이고요. 고종은 우리나라에서 처음으로 근대식 여성 교육을 시작한 것을 기념하기 위해서 이렇게 예쁜 이름을 지어 주었던 거예요.

이전까지는 서당이나 서원, 성균관 같은 곳에서 유교 경전을 배웠어요. 과거 시험에 합격하는 것이 공부하는 가장 중요한 목표였지요. 그러니 공부는 벼슬을 할 수 있는 남자만 하는 일이었어요.
새로 생긴 여자 학교, 이화 학당에 아무리 임금이 관심을 갖고 이름까지 지어 주었어도 여간해서 학생들이 모이지 않았어요. 겨우 단 한 명의 학생이 있어 첫 수업을 할 수 있었대요.
그때까지만 해도 조선의 여자들은 마음대로 밖으로 돌아다니지 못했어요. 게다가 여자가 공부하기 위해 학교를 가는 일은 상상조차 할 수 없었어요. 그래서 학생이 오지 않았어요.
몇 년이 지나고 서서히 사람들의 생각도 바뀌었어요. 그러면서 이화 학당에도 학생들이 점점 모이고, 교육을 받은 여성들이 사회 활동도 하게 되었어요. 그렇게 이화 학당은 조선의 여자들을 위한 학교의 대표가 되었어요.

이화 학당이 생기던 시기를 조선의 개화기라고 해요. 개화기란 서양 문물의 영향을 받아 문화가 바뀐 때를 말해요.

그전까지 조선은 문을 꽁꽁 닫아걸고 세계 문물이 들어오는 것을 막았어요. 이것을 쇄국 정책이라고 해요. 이런 쇄국 정책에서 벗어나 조선도 세계를 향해 문을 활짝 열고 서양의 문물을 받아들였어요.

서양식 병원도 세우고 전기, 전화, 전차 같은 새로운 문물을 들여왔어요. 이화 학당처럼 서양식 학교도 세워졌어요. 특히 공부를 하거나 학교를 갈 수 없었던 여성들에게 이화 학당은 여성들을 위한 우리나라의 첫 학교였어요.

자, 이화 학당을 뒤로하며 다음 역으로 출발!

충정로역 바르고 진실하며 충성스러운 역

이번에 정차한 역은 충정로역이에요. 2호선과 5호선이 만나는 역이지요.
충정로역의 이름은 바로 충정로라는 길을 지나는 역이라 붙여졌어요.
'충정로'의 뜻은 '충성스럽고(忠, 충), 올바른(正, 정), 길(路, 로)'이에요. 뜻만 봐도 바르고 진실하며 충성스러운 느낌이지요? 네, 맞아요. 바로 그런 사람을 기념하기 위한 이름이에요. 바로 충정 민영환이에요.

민영환이라는 이름 앞에 붙은 '충정'은 뭘까요? '충정'은 민영환의 시호예요.
그럼 '시호'가 무엇일까요? 시호란 왕이나 왕비, 혹은 벼슬한 사람, 학문이 뛰어나거나 충성심이 높은 사람이 죽었을 때, 그 사람이 살아서 한 일을 살펴서 정하는 특별한 이름이에요.
우리가 잘 아는 이순신도 '충무공 이순신'이라고 하잖아요. '충무공'이 바로 이순신의 시호예요.

그럼 민영환이 누군데 '바르고 진실하며 충성스럽다'는 훌륭한 시호가 붙여졌을까요?
민영환은 대한 제국에서 벼슬을 한 사람이에요.
아, 대한민국은 우리나라인데, 대한 제국은 또 어느 나라냐고요? 조선이 근대화를 시작하면서 1897년에 나라의 이름을 대한 제국이라고 했어요. 1910년 일제에 나라를 빼앗기기 전 약 삼 년간 있었던 우리나라의 근대 국가예요.
이때 민영환은 외교관으로 근대화된 나라들을 두루 돌아다녔어요. 서양의 근대화된 모습을 직접 경험했어요. 그러면서 우리나라도 개혁하고 발전시키기 위해 노력했어요.
독립 협회도 적극 지지했어요. 그러면서 점점 뻗쳐 오는 일제의 검은 손길에도 맞서고자 했어요.

민영환 같은 사람들의 바람에도 불구하고 일제는 강제로 을사조약(을사늑약)을 맺었어요. 대한 제국을 집어삼키려는 속셈을 대놓고 드러내기 시작했어요.

그러자 민영환은 을사조약을 맺도록 나라를 내주는 데 찬성한 다섯 명의 친일파, 을사오적을 처형하고, 이 조약을 깰 것을 강하게 요구했어요. 하지만 뜻이 받아들여지지 않았어요.

민영환은 이렇게 나라가 기울어 간다는 슬픔을 안고 스스로 죽음을 택했어요.

민영환은 마지막으로 이런 글을 남겼어요.

"…… (민)영환은 죽어도 저승에서 여러분을 기어이 도우리니, 동포 형제들은 천만 배 더욱 기운을 내고 힘을 써 의지를 굳게 하고, 학문에 힘쓰며, 한마음으로 힘을 다해 우리의 자유 독립을 회복하면 죽어서라도 마땅히 저세상에서 기뻐 웃으리라."

을사오적은 자신들만 잘 살자고 나라를 팔았어요. 그 반대로 민영환은 높은 자리에 앉고 부자가 되는 부귀영화를 따르지 않았어요. 더 나아가 죽음으로 맞서 우리나라의 자유 독립을 바랐어요.

얼마나 충성스럽고 바른 사람이에요. '충정'이란 시호가 딱 어울리는 사람이지요. 이런 분들이 있어 지금의 충정로역을 우리가 마음껏 지날 수 있는 것 아니겠어요.

자, '충정'의 뜻을 새기며 2호선 역사 여행은 여기까지 하고, 3호선으로 갈아탑니다!

역수역의 정보 플러스

말로 거란을 물리친, **서희**

고려 때 북쪽에서 거란이 쳐들어왔다.
거란은 고려의 북쪽 땅을 내놓으라고 주장했다.
이때 국제 정세를 파악한 서희가 나섰다.
서희는 거란이 진짜 원하는 바는 고려 땅이 아니라고 알아챘다.
고려가 송나라와 손을 잡을까 겁낸다는 사실을 잘 알았다.
서희는 거란을 만나 외교 담판을 벌였다.
서희의 외교 담판으로 고려는 전쟁을 피했다.
오히려 옛 고구려의 땅이었던 강동 6주까지 받아 냈다.
뛰어난 외교관 서희 덕분에 거란은 물러갔고,
고려의 국경선이 압록강까지 넓어졌다.
그 뒤 거란은 다시 침략했고, 이때는 강감찬이 물리쳤다.

문을 꼭꼭 닫아라, **쇄국 정책**

조선 말, 고종이 어린 나이에 왕이 되었다.
아버지 흥선 대원군이 대신 나라를 다스렸다.
흥선 대원군은 다른 나라들과 접촉하지 않는 정책을 폈다.
이를 '쇄국 정책'이라고 한다. 나라의 문을 닫는 정책이라는 뜻이다.
나라 곳곳에 '화친을 주장함은 나라를 파는 것이다.'라는
글을 새긴 척화비까지 세웠다.

최초의 서양식 남자 학교, **배재 학당**

최초 근대식 여학교는 이화 학당, 남학교는 배재 학당이다.
배재 학당은 미국 사람 아펜젤러가 세웠다.
고종이 인재를 길러 낸다는 뜻으로 '배재'라는 이름을 주었다.
영어, 천문, 지리, 수학 등을 배웠다.
우리나라 처음으로 서양 운동인 야구, 축구, 농구도 배웠다.

나라를 빼앗기기 시작한, **을사조약**

1905년, 을사년에 맺어진 조약이어서 '을사조약'이다.
강제로 맺은 을사조약으로 외교권을 빼앗겼다.
우리나라가 다른 나라와 관계를 맺는 어떤 일도 할 수 없게 했다.
일제는 우리나라에 통감부를 두어 간섭했다.
나라의 주인으로서 권리, 주권을 빼앗긴 조약이다.
강제로 맺게 했다고 해서 '을사늑약'이라고도 한다.
고종은 강제로 맺은 을사늑약이 무효라고 알리기 위해
만국 평화 회의가 열린 헤이그에 특사를 보냈으나 실패했다.
이를 구실로 일제는 고종을 왕의 자리에서 물러나게 했다.

나라를 판 다섯 도적, **을사오적**

을사오적은 을사조약을 찬성한 다섯 명의 벼슬아치들이다.
이완용, 박제순, 이지용, 이근택, 권중현을 일컫는다.
나라를 왜적에게 팔아먹은 매국노라고 '을사오적'이라고 한다.
을사조약의 '을사'에, 다섯(五, 오) 명의 도둑(賊, 적)이라는 뜻이다.

우리 동네 역의 역사

2호선 지하철역 이름에는 그 이름이 붙여진 이야기들이 담겨 있어요. 우리 동네 역 이름에는 어떤 이야기가 숨어 있을까요?

신설동역

조선 시대에 새로 생긴 마을이라 새롭다는 뜻의 '신(新)', 세우다는 뜻의 '설(設)'이다. 새로운 마을이란 뜻으로 '새말, 신리'라고도 했다.

용두역

이곳을 감싸고 있는 산의 모습이 마치 용 머리같이 생겨서 '용머리' 또는 '용두리'라고 했다.

신답역

신설동과 용**답**동에서 한 글자씩 따와서 붙였다.

용답역

용두동과 **답**십리에서 한 글자씩 따왔다. '답십리'는 무학 대사가 조선의 도읍지를 정하려고 도성과 십 리 떨어진 이곳을 밟았다는 전설에서 붙여졌다.

뚝섬

조선 시대에 군대를 사열하거나 출병할 때, 이 섬에 둑기(깃발)를 세우고, 둑제(제사)를 지낸 곳이라고 해서 '둑섬, 둑도'라 불렀다. 그 뒤 '뚝섬'으로 바뀌었다.

성수역

조선 시대에 왕이 말을 기르는 모습과 군대 훈련을 지켜본 정자 성덕정이 있었다. 여기서 '성', 뚝섬의 물길이 있어 '물 수(水)'를 붙여 '성수'라 했다고 전해진다. 깨끗하고 고마운 한강 물이라는 뜻으로 '성수'라 불렀다고도 한다.

아현역

만리현과 대현이라는 두 개의 큰 고개 중간에 있는 작은 고개라 '아이 고개, 애 고개, 애우개'라 했다. 아이 고개를 한자로 써 '아현(兒峴)'이라고 했다. 지금은 '아현(阿峴)'으로 한자가 변했다.

신촌역

새롭게 만들어진 마을, '새터말'이란 이름을 한자로 쓰면서 새롭다는 '신(新)', 마을을 뜻하는 '촌(村)'이 되었다.

합정역

옛날 이 마을에 조개를 뜻하는 '합(蛤)', 우물 '정(井)' 자를 쓴 조개 우물이 있었다고 한다. 나중에 '합'이란 한자가 합치다는 뜻의 '합(合)' 자로 바뀌었다고 한다.

당산역

이곳 마을 언덕에 제사를 지내는 당이 있어 붙여졌다.

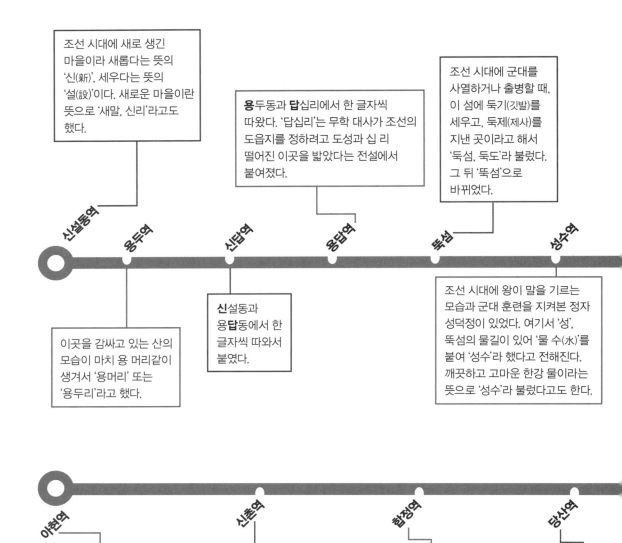

잠실새내역

원래는 신천역이었다. '신천'은 새로운 개울이라는 뜻으로, 한강의 샛강이다. 새로운 개울을 뜻하는 순우리말 '새내'를 '잠실'에 붙여서 역 이름을 바꾸었다.

삼성역

봉은사, 닥점(저자도), 무동도라는 세 개의 마을이 합쳐져서 생긴 '삼성리'라는 마을 이름에서 나왔다. '닥점'은 닥나무를 파는 상점이 있어서 붙여진 이름이다.

선릉역

조선 성종과 왕비의 능이 있어서 붙여졌다. 임진왜란 때는 왜에 의해 파헤쳐지기도 했다.

서초역

옛날 이곳에 서리풀이라는 풀이 많아 '서리풀이, 상초리'라 불렀다고 한다. 우면산 여러 골짜기 물이 이리저리 서리어 흐르는 곳이라고 해서 '서릿벌'이라고도 전해진다.

방배역

가까이에 있는 우면산을 등지고 있는 마을이라서, 방향의 '방', 등을 뜻하는 '배' 자를 썼다.

사당역

옛날 이곳에 큰 사당이 있었다고 한다. 사당이란 죽은 조상의 이름을 적은 위패를 모시고 제사를 지내는 집이다.

봉천역

관악산 북쪽 기슭인 이곳에서 보면 관악산이 험하고 높아 마치 하늘을 받들고 있는 것처럼 보여 '받들 봉(奉), 하늘 천(天)'이라고 했다.

신림역

관악산 기슭인 이곳 산과 숲에 풀과 나무가 우거져 있어 '수풀 림(林)' 자를 써 '신림'이라 불렸다.

신대방역

대방은 조선 시대에 높은 절과 번댕이라는 마을로 이루어진 곳이었는데, 일제 강점기에 '번대방리'라고 하다 광복 뒤 '대방동'이 되었다. 새로운 대방동이라는 뜻으로 '신대방'이 되었다.

대림역

신대방동의 '대', 신도림동의 '림'을 따서 지었다.

신도림역

마을 뒤로 산이 둘러쌌고, 마을이 길에서 돌아앉아 있어서 '되미리'라고 불리다가, 발음이 변해서 '도림리'가 되었다. 도림동에서 새로 갈라져 나와서 '신도림'이다.

신정네거리역

옛날 마을 신기리에서 '신'을, 은행나무 정자가 있는 마을 은행정에서 '정'을 따와서 '신정동'이다. 네 방향으로 길이 갈라져 나가서 '네거리'다.

3호선

대화 · 주엽 · 정발산 · 마두 · 백석 · **대곡** · 화정 · 원당 · 원흥 · 삼송

오금 · 경찰병원 · **가락시장** · **수서** · 일원 · 대청 · 학여울 · 대치 · **도곡** · 매봉 · **양재**

지하철 3호선은 경기도 북서부에서 서울의 동남부로 이어져요. 1985년 구파발역에서 독립문역 사이를 오가는 지하철로 시작했어요. 그 뒤로 점차 역이 많아지고 노선이 길어져 지금은 사십여 개가 넘는 역을 지하철이 달리고 있어요.

자, 그럼 3호선 지하철 역사 여행 출발해 볼까요?

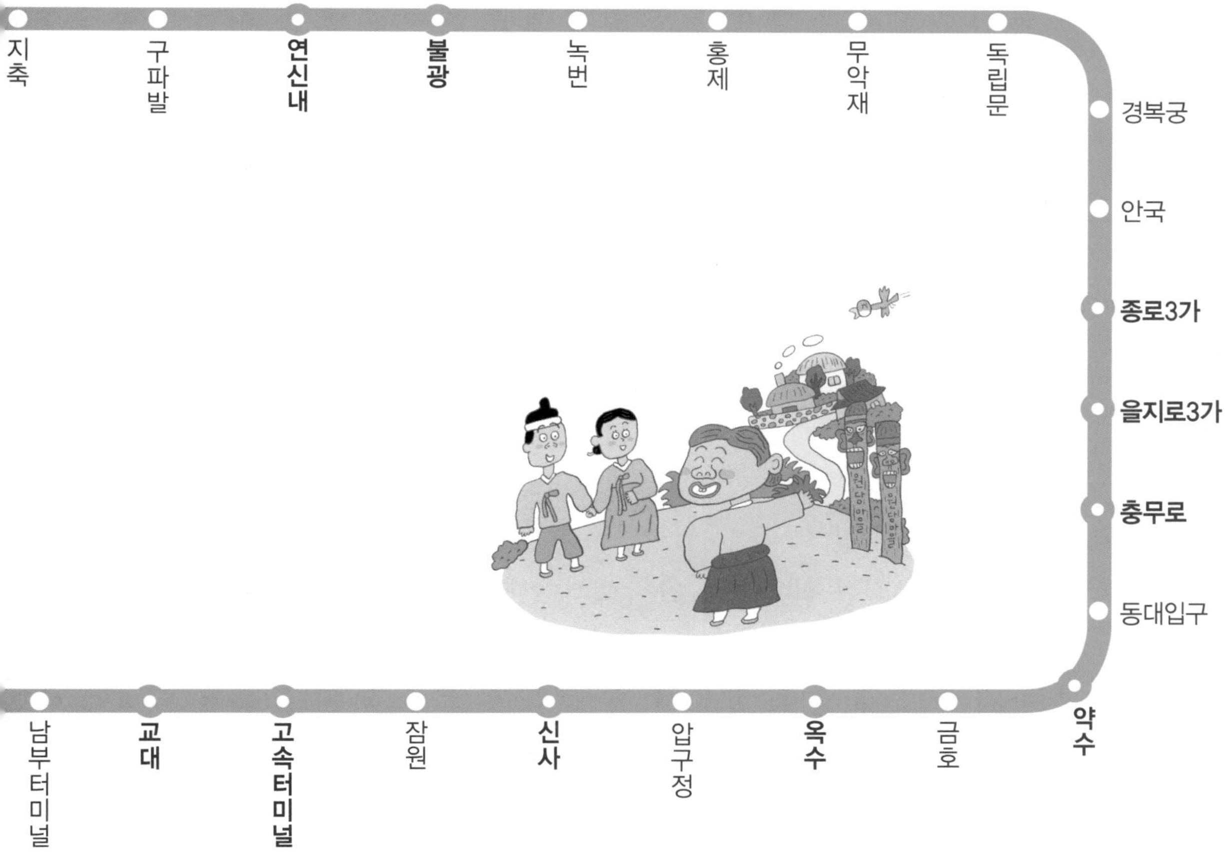

원당역 좋은 일이 많이 일어나는 곳, 명당

이번에 정차한 역은 원당역이에요.

우선 한자 뜻부터 살펴볼까요? 으뜸이란 뜻의 '원(元)', 집이라는 뜻의 '당(堂)'이에요. 으뜸인 집이라고 풀이할 수 있어요. 혹시 '으뜸'이 무엇인지 모를 수도 있으니 덧붙이자면, 여럿 가운데 가장 뛰어난 것, 첫째라는 말이에요.

그럼 원당이 무슨 집인데 으뜸 집일까요? 두 가지 이야기가 전해집니다.

첫 번째 이야기예요. 이곳은 옛날부터 정승이 많이 나와 명당으로 유명했답니다. 정승이라고 하면 왕 아래 최고로 높은 벼슬에 오른 사람이에요. 최고로 높은 벼슬이니 그 자리에 오르기가 얼마나 어렵겠어요. 그렇게 어려운 자리에 올랐으니 자신은 물론이고 집안의 자랑이었겠지요. 그런 정승이 이곳에서 많이 나왔다고 해요.

옛날 사람들은 뛰어난 인재가 나오거나, 부자가 되는 것처럼 좋은 일이 일어나는 장소가 있다고 믿었어요. 그곳을 명당이라고 해요. 이곳이 명당이라서 '원당'이라 했다고 전해져요.

두 번째 이야기는 서삼릉이라는 왕릉에서 시작합니다. 왕릉에는 제사를 지내기 위한 집이 있어요. 이 집이 크고 우람해서 '원당'이라고 했답니다. 보통 '당'이 붙으면 제사를 지내는 곳이에요. 사당, 신당처럼 말이에요.

그럼 여기서 궁금증이 생기지요. '서삼릉'이란 무슨 말인가 하고요. 말 그대로 '서쪽에 있는 세 개의 왕릉'이라는 뜻이에요. 한양 도읍을 중심으로 놓고 보면 이곳은 북서쪽이에요. 여기에 조선의 능, 바로 임금과 왕비의 무덤이 있어서 그렇게 불렀어요.

조선 제11대 왕, 중종의 두 번째 왕비의 무덤인 희릉, 제12대 왕인 인종과 왕비의 무덤인 효릉, 제25대 왕인 철종과 왕비의 무덤인 예릉이에요. 희릉, 효릉, 예릉, 이렇게 세 개의 능이 있어 서삼릉이에요.

아휴, 역사에서 왕의 이름만 나오면 머리가 아프다고요? 거기다 무덤에 이름까지 있다니 머리가 지끈거리죠.

조선 시대에는 조상의 무덤을 지키고 제사를 지내는 일을 중요하게 여겼어요. 그러니 임금의 무덤은 더욱더 고귀하게 여겨 이름까지 붙였다고 생각하면 돼요.

서삼릉은 조선 시대 임금과 그 아내의 무덤이 셋 있어서 '서삼릉'이에요. 그곳에 제사 지내는 집을 원당이라고 했어요. 여기서 마을 이름이 '원당동'이 되었고, 지하철역의 이름이 생겨났어요.

자, 그럼 으뜸 집을 떠나 다음 역으로 출발!

구파발역 어서 어서 달려라, 파발꾼, 파발마

이번에 정차한 역은 구파발역이에요.

'구'는 옛것이라는 뜻이에요. 예를 들면 새로 나온 핸드폰을 신형 모델이라고 하잖아요. 그 반대로 이전에 나온 것은 구형 모델이라고 하고요. 이때 쓰는 '구'와 같은 뜻이에요.

그렇다면 '구파발'은 옛날에 파발이 있었다는 뜻이겠지요.

그럼 이제 '파발'이 무슨 말인지 알아봐야겠죠? 파발은 옛날에 있던 통신 수단이에요. 통신이란 소식을 전한다는 뜻이에요. 그러니까 통신 수단이란 소식을 주고받는 방법이에요.

지금은 아주 편리한 통신 수단, 핸드폰이 있지요. 핸드폰만 있으면 언제 어디서나 누구하고도 연락해 소식을 주고받을 수 있어요.

옛날에는 전화가 없어서 누군가와 연락하는 일이 쉽지 않았어요. 편지 한 장을 보내려 해도 편지를 들고 사람이 직접 가야 했어요.

특히 나라에서 급하게 전달해야 하는 문서들을 전하는 방법이 꼭 필요하고 아주 중요했어요. 적이 국경을 넘어 쳐들어왔다면 이 소식을 최대한 빨리 왕에게 전해야 했어요. 반대로 왕의 명령을 먼 곳에 있는 신하에게 전하는 방법도 꼭 필요했어요.

그래서 생각해 낸 방법이 두 가지예요. 걸음이 아주 빠른 사람이 소식을 전하는 문서를 들고 가는 방법이 하나예요. 이것을 '걸음 보(步)' 자를 써서 보발이라고 해요. 이 사람을 보발꾼, 혹은 파발꾼이라고 했어요.

두 번째 방법은 사람이 말을 타고 가 소식을 전하는 방법이에요. 말을 탄다는 뜻의 '기(騎)' 자를 붙여 기발이라고 했어요. 이 말을 파발마라고 했고요.

그런데 사람이나 말은 먼 길을 끝없이 달릴 수가 없겠지요. 쉬어 가야겠지요. 그런데 급한 소식 문서를 가지고 마냥 쉴 수는 없잖아요. 이럴 때는 다른 사람이 문서를 들고 교대해서 갔어요. 또한 말도 지칠 테니 중간에 말을 쉬게 하거나 새 말로 갈아탔어요. 마치 이어달리기처럼 말이에요.

이렇게 이어서 갈 사람이나 말이 대기하고 있던 곳을 역참이라고 해요. 대략 25리에 하나씩 두었어요. 이처럼 역참에서 역참으로 이어지는 통신망을 '파발'이라고 했어요.

북쪽으로 이어지는 파발을 북발, 남쪽으로는 남발, 서쪽으로는 서발이라고 해서 파발의 통신망이 전국으로 이어지도록 했어요.

'구파발'은 옛날에 파발, 그러니까 역참이 있었던 곳이라고 해서 붙여진 이름이에요.

자, 우리 지하철 덕분에 지치지 않았으니, 다음 역으로 출발해 볼까요?

연신내역 아, 어찌 이리 신하가 늦어지는고?

이번에 정차한 역은 연신내역이에요.

이 역의 이름은 옛날 이곳 마을 이름이 '연신내'여서 붙여졌어요. '연신'이란 늦어지다는 뜻의 '연(延)', 신하 '신(臣)'이라는 한자 말이에요. 뒤에 붙은 '내'는 개천을 이르는 말이에요. 지금 '불광천'이라고 부르는 곳이 옛날에는 '연신내'였어요.

'연신'의 뜻이 '신하가 늦어지다.'라고 했어요. 그렇다면 이곳에 살던 신하가 지각 대장이라서 그런 이름이 붙여졌을까요? 그건 아니에요. 이곳에서 조선 역사상 아주 큰일이 있었어요. 바로 그때 신하가 늦었다고 해요.

큰일이란 조선 시대에 일어난 '인조반정'이에요.

우선 인조반정이 무엇인지부터 알아야겠죠. '인조'는 조선의 열여섯 번째 왕이에요. '반정'이란 말은 되돌려 놓는다는 뜻의 '반(反)', 바르다는 뜻의 '정(正)'이에요. 그러니까 잘못된 것을 올바른 상태로 되돌려 놓는다는 뜻이에요.

옳지 못한 임금을 왕의 자리에서 내려오게 하고, 새로운 왕을 세워 나라를 바로잡는다는 말이에요.

인조반정은 조선의 열다섯 번째 왕이었던 광해군이 정치를 잘못한다고 생각한 신하들과 왕족 능양군이 광해군을 왕의 자리에서 쫓아낸 사건이에요. 이 일로 능양군이 왕이 되었고, 그가 바로 조선 제16대 왕인 인조예요.

다시 신하가 늦게 온 이야기, 그곳 연신내로 돌아가 볼까요. 나중에 인조가 되는 능양군이 그때의 왕, 광해군을 몰아내기 위해 군사를 일으켰어요.

뜻을 같이하는 신하들은 홍제원이란 곳에 모여서 왕이 있는 궁궐로 쳐들어가기로 약속했어요. 이 일은 아주 몰래몰래, 비밀로 진행되었어요. 만일 왕이 먼저 알아 버리면 모두 역적이 되어 죽임을 당할 수 있는 큰일이었으니까요.

약속한 시간에 다른 신하들은 홍제원으로 왔어요. 그런데 가장 많은 군사를 데리고 오기로 한 이서라는 장군이 오지 않았어요. 반정에 성공하면 자신들이 새 왕으로 모실 능양군까지 기다리게 했어요. 모두 마음을 졸이며 기다렸겠죠.

드디어 늦게서야 이서가 군사를 이끌고 도착했어요. 그길로 인조와 군사들은 궁궐로 향했고, 반정에 성공했어요. 광해군은 왕의 자리에서 쫓겨나 귀양살이를 가게 되었고, 인조는 새 임금이 되었어요.

이곳을 '연서, 영서'라고도 했어요. 늦어진 이서라는 뜻으로 '연서', 인조가 이서를 맞이했다고 해서 맞이한다는 뜻의 '영(迎)' 자를 써서 '영서'라고도 불렀어요. 모두 인조반정 때 이서의 지각과 연결된 이름으로 불렸어요.

자, 약속 시간에 늦을 일이 없도록 지하철을 타고서 다음 역으로 출발!

홍제역 먼 길 왔으니 이곳에서 쉬어 가요

이번에 정차한 역은 홍제역이에요.

연신내역에서 인조와 신하들이 인조반정을 일으키려고 몰래 모인 장소가 어디라고 했지요? 네, 그렇죠. 홍제원이었죠. 홍제원이 있었던 곳이라 '홍제동'이 되었고, '홍제동'에서 홍제역의 이름을 따왔어요.

그럼 홍제원은 뭐 하던 곳이었을까요? 조선 시대에 나랏일을 보려고 한양으로 들어오는 사람, 나랏일을 보러 한양 밖으로 나가는 관리들이 머물던 곳이에요. 이렇게 오가는 관리들이 쉬거나 잠을 잘 수 있게 마련한 숙소가 '원'이에요.

홍제원은 서대문 밖 무악재 너머에 있었어요. 이 길은 한양에서 출발해 중국으로 가려면 지나야 했던 길이에요. 나랏일로 중국으로 가는 조선의 관리들이

홍제원을 이용했어요. 반대로 중국에서 한양으로 오는 중국의 사신들도 홍제원에 들렀어요.

그래서 홍제원에는 중국 사신들을 위한 집이 따로 마련되었어요. 중국에서부터 먼 길을 온 사신들은 한양으로 들어가기 전에 홍제원에서 마지막으로 휴식을 취했어요. 이곳에서 예복을 갈아입고 옷차림을 단정히 해 조선의 도읍, 한양 안으로 들어갈 준비를 했어요.

아, 사신이 또 뭐냐고요? 사신이란 왕이나 나라의 명을 받고 외국에 가는 신하를 말해요. 요즘으로 말하자면 외교관이에요.

사신 이야기가 나왔으니, 조선 시대 외교는 어떠했는지 잠시 살피고 갈까요?

조선이 다른 나라를 대하는 외교 원칙은 '사대교린'이었어요.

'사대'란 힘이 세고 큰 나라는 받들어 섬긴다는 뜻이에요. '교린'이란 이웃 나라와는 동등한 입장에서 사귀어 나라의 안정을 꾀한다는 원칙이에요.

중국보다 힘이 약했던 조선은 중국에 예물을 보내 조공했어요. 그러면 중국은 조선의 왕을 인정하는 책봉을 주었어요. 이런 관계로 평화롭게 지내기를 이어 갔어요. 이것이 사대예요.

조선처럼 중국의 책봉을 받는 이웃 나라, 왜나 여진 같은 나라와는 교린 정책을 폈어요.

중국이 사대 외교의 나라이니 홍제원에서 중국의 사신들만을 위한 건물을 따로 짓고 이용하게 했을 만하지요.

지금은 홍제원은 사라지고, 동네 이름에만 그 자취가 남았어요. 아, 지하철역 이름에도 '홍제'가 남아 있네요.

자, 홍제역을 뒤로하며 다음 역으로 출발!

사신
모시고
다음 역으로
go~
go~

역수역의 정보 플러스

왕과 왕비의 무덤, **왕릉**

서삼릉처럼 다섯 개의 왕릉이 있는 서오릉도 있다.
서삼릉과 서오릉처럼 동쪽에 아홉 능, 동구릉도 있다.
이처럼 조선의 왕릉은 서울 시내 가까이에 있다.
능(릉)은 왕과 왕비의 무덤을 말한다.
무덤이 아주 커서 그 모양새가 언덕 같다고 '언덕 릉(陵)' 자를 붙인다.
조선 왕릉 사십 기는 유네스코 세계 문화유산으로 등재되었다.

무덤을 부르는 말, **고분, 원, 총**

묻힌 사람의 신분, 역사적 가치에 따라 무덤을 일컫는 말이 여럿 있다.
'고분'은 먼 옛날, 주로 고조선 때부터 통일 신라까지
고대의 무덤 가운데 역사 자료가 될 수 있는 무덤을 말한다.
고분들이 많이 모여 있으면 고분군이라 한다.
'원'은 세자나 세자비, 후궁들의 무덤 뒤에 붙는 말이다.
소현 세자의 무덤 소경원, 사도 세자의 현륭원,
순회 세자와 세자빈의 순창원들이 있다.
'총'은 누구 무덤인지 알 수 없지만 특별한 유물이나 벽화가 있던 무덤이다.
하늘을 나는 천마가 그려진 그림이 나온 신라 경주의 천마총,
무용하는 사람들이 그려진 벽화가 있는 고구려의 무용총,
돌을 쌓아 만든 장군총들이다.

광해군을 몰아내다, **인조반정**

임진왜란을 겪고 왕이 된 광해군은 강해지는 후금과
약해지는 명나라 사이에서 중립 외교를 펼쳤다.
이는 명나라에 대한 의리와 명분을 중시하던 신하들의 반발을 불러왔다.
또한 광해군이 영창 대군을 죽게 하고, 그 어머니 인목 대비까지 폐위시켰다.
신하들 가운데 서인들이 이는 유교 윤리에 벗어난다며 정변을 일으켰다.
인조와 뜻을 같이한 신하들이 군사를 이끌고 광해군이 있던 창덕궁으로 쳐들어갔다.
광해군은 피했으나, 곧 붙잡혀 왕에서 폐위되고 강화도로 귀양살이를 갔다.
이 사건을 '인조반정'이라고 한다.

칼을 씻은 자리, **세검정 터**

서울시 종로구에 있는 세검정에는 인조반정 때의 이야기가 있다.
인조반정을 같이 하려는 신하들이 지금의 세검정 터에서
광해군을 왕의 자리에서 끌어내릴 일을 의논했다.
그러고는 이곳에 있는 바윗돌에 칼을 갈아 씻었다고 한다.
'씻을 세(洗), 칼 검(劍)'을 써, 칼을 씻은 곳이라는 뜻으로 '세검정'이 되었다.
칼을 씻은 뒤 인조 일행은 한양 도성의 서북쪽 소문, 창의문을 부수고
광해군이 있는 궁으로 쳐들어갔다고 한다.

말 사용권, **마패**

원래 마패는 고려, 조선 시대 홍제원 같은 역참에서
말을 이용할 수 있도록 나라에서 준 증명서다.
마패에 그려진 말의 개수는 마패를 가진 사람이 이용할 수 있는 말의 수다.
마패에 따라 한 마리에서 열 마리까지 그려져 있다.
열 마리는 왕족이나 쓸 수 있었다.
대부분 한 마리에서 세 마리 정도가 그려진 마패를 들고 다녔다.
마패는 말을 이용할 수 있는 증표이면서 신분을 증명하기도 했다.
그래서 암행어사는 자신의 신분을 증명할 때 마패를 내놓았다.
이런 이유로 마패는 매우 귀중하게 다뤄야 했다.
마패를 잃어버리거나 가짜 마패를 만들면 나라에서 엄하게 다스렸다.

독립문역 명령도 간섭도 받지 않아, 독립!

이번에 정차한 역은 독립문역이에요. 이 역은 독립문 가까이 있어서 '독립문'역이에요.

독립문은 언제, 왜 세워졌을까요?

독립문은 1897년 완성되었어요. 이때는 대한 제국 때예요. 서재필이 독립 협회를 만들고, 독립문을 세우자는 의견을 냈어요. 다른 나라의 어떤 간섭도 받지 않는 독립된 나라라는 것을 널리 알리는 상징으로 독립문을 세우기로 했어요. 스스로 강한 나라를 만들어 가고자 하는 의지를 다지는 뜻도 담았어요.

조선의 왕에서 대한 제국의 황제가 되었던 고종도 이런 뜻을 같이했어요. 온 나라에서 나라를 사랑하는 애국지사와 국민들이 돈을 모아 독립문을 세우게 되었어요.

독립문은 서재필의 제안에 따라 프랑스 개선문 모양을 본떴다고 해요. 예로부터 우리나라 탑이나 건물에 많이 쓰인 돌, 화강석으로 독립문을 만들었어요.

가운데에는 무지개 모양으로 둥글게 만든 홍예문이 있어요. 홍예문 머리에는 대한 제국의 상징인 오얏꽃 문장이 새겨져 있어요. '오얏'이란 자두의 옛말이에요. 조선 왕조의 성씨인 '이(李)'라는 글자의 뜻이 오얏이에요. 그래서 대한 제국의 상징을 오얏꽃으로 삼았어요.

조선에서는 왕실 문양을 중국의 영향을 받아 용, 모란 같은 것들로 썼어요. 대한 제국의 문양은 이런 모양을 따르지 않았어요. 다른 나라의 영향에서 벗어나 독립된 나라로 더 이상 다른 나라의 간섭을 받지 않겠다는 의지를 드러낸 것이기도 했어요.

오얏꽃 문양 위에는 한글로 '독립문', 반대쪽에는 한자로 '獨立門'이라고 썼어요. 그 양옆으로 태극기가 새겨졌어요.

독립문을 세운 자리도 독립의 의지가 담겨 있는 곳이에요.

이 자리는 옛날 중국의 사신들을 맞이하던 영은문이 있던 곳이에요. 영은문은 조선이 중국을 큰 나라로 받들던 상징과도 같은 문이었어요. 이 자리에 독립문을 세운 데는 우리나라의 자주독립을 다짐하려는 의지가 담겨 있었어요.

독립문을 세우고 자주독립의 나라로 나아가고자 했던 의지는 안타깝게도 꺾이고 말았어요. 1910년 일제의 침략으로 한일 합병 조약을 맺으며 나라를 빼앗겼어요. 경술년에 일어난 국가의 치욕스러운 일이라고 '경술국치'라고 해요.

그러나 독립문에 담긴 독립 정신은 일제 강점기 아래에서도 독립운동가들에게 이어졌고, 삼십오 년간의 치욕을 견디어 내고 기어이 독립을 이룩했지요.

지금도 독립문은 독립된 나라, 민주 공화국, 대한민국의 서울 한가운데에 당당한 모습으로 서 있어요.

자, 독립 정신을 기억하며 다음 역으로 출발!

경복궁역 왕의 집, 왕의 사무실, 으뜸 궁궐

이번에 정차한 역은 경복궁역이에요. 경복궁이 가까이 있어서 '경복궁'역이에요.

경복궁은 조선이 세워지고 첫 번째로 지은 궁으로, 여러 궁 가운데서 으뜸 궁이에요.

그럼 궁이란 무엇일까요? 궁이란 아주 간단하게 말하면 왕과 그 가족들이 살았던 집이에요. 또한 왕과 신하들이 나라 다스리는 일을 하는 사무실이기도 했어요. 외국 사신들이 오면 맞이하기도 한 곳이고요.

조선을 세운 태조 이성계가 한양을 도읍으로 정하고 경복궁을 지었어요.

'경복'이란 이름은 정도전이 정했어요. 『시경』이라는 옛 책에 나오는 말 가운데 '큰 복을 누리다.'라는 뜻을 가져왔어요.

경복궁에는 동서남북으로 네 개의 문을 두었어요. 동쪽 건춘문, 서쪽 영추문, 북쪽 신무문, 남쪽에 광화문이에요.

경복궁의 정문은 광화문이에요. 정문답게 네 개의 문 가운데 가장 커요. 네 개의 문 천장에는 동서남북을 지키는 사신이 그려져 있어요. 광화문에는 남쪽을 지키는 주작, 영추문에는 서쪽을 지키는 백호, 건춘문에는 동쪽을 지키는 청룡, 신무문에는 북쪽을 지키는 현무가 그려져 있어요.

왕이 곧 나라이기도 했던 그때는 하늘의 신들이 지켜 주기를 바라는 마음에서 이런 그림을 그려 두었을 거예요.

경복궁의 광화문으로 들어서 두 개 문을 더 지나면 근정전이 나와요. '근정'이란 근면하게 정치를 한다는 뜻이에요. 왕의 즉위식이나 혼례식, 외국 사신을 맞이하는 일처럼 나라의 중요하고 큰 행사를 치르는 곳이에요.

그 안쪽으로는 사정전이 있어요. '사정'이란 진실로 깊게 생각하라는 뜻으로,

이곳에서는 왕과 신하들이 나랏일을 보았어요. 임금의 사무실이지요.

그 뒤로 강녕전이 있어요. '강녕'이란 건강을 뜻해요. 이곳은 왕이 쉬는 곳이에요. 임금의 침실이지요.

다음 건물은 교태전이에요. 왕비가 생활하는 곳이에요. 아미산이라는 작고 아담한 동산도 있어요.

서쪽에는 웅장한 건물, 경회루가 있어요. 나라에 좋은 일이 있을 때 연회를 열던 장소예요. 왕실의 파티장이에요.

조선이 열리면서 지어진 경복궁은 이백여 년 뒤 임진왜란 때 모두 불타 버렸어요. 이때 창덕궁과 창경궁까지 다 타 버렸어요. 그 뒤로 창덕궁과 창경궁은 새로 지어졌지만, 크고 웅장한 규모의 경복궁은 쉽게 다시 지어지지 못했어요. 임진왜란이 끝나고 이백칠십여 년이 지나 고종 때에 와서야 다시 지어졌어요.

그러나 얼마 지나지 않아 나라를 일제에 빼앗기게 되자, 일제는 하필이면 경복궁의 가장 중심에 있는 근정전을 가로막으며 조선 총독부 건물을 지어 경복궁을 가려 버렸어요.

긴 세월이 흐른 뒤, 1995년 광복 오십 주년을 맞이해 조선 총독부 건물을 허물기 시작하면서 경복궁은 다시 그 얼굴을 드러낼 수 있었어요.

조선의 시작과 함께한 조선의 상징, 경복궁은 조선 역사의 많은 이야기를 품고 있는 궁궐이에요.

자, 조선의 역사를 간직한 경복궁을 뒤로하고 다음 역으로 출발!

압구정역 조선 한명회, 갈매기들과 놀던 곳

이번에 정차한 역은 압구정역이에요.

'압구정'은 조선 세조 때 권력자였던 한명회가 지은 정자 이름이에요. 이 정자가 있어서 동네 이름이 '압구정동'이 되었고, 역 이름으로 붙여졌어요.

'압구정'은 한명회의 호이기도 해요. 호은 또 무엇이냐 하면, '한명회'처럼 원래 이름 말고 허물없이 부를 수 있도록 지은 또 다른 호칭이에요. 우리가 친구 사이에 부르는 별명과 같지는 않지만 비슷해요. 호는 자기가 짓기도 하고, 다른 사람이 지어 주기도 했어요.

한명회의 호, '압구정'은 편안하다, 익숙하다는 뜻의 '압(狎)', '갈매기 구(鷗)'란 한자 말이에요. 그러니까 갈매기와 편안하게 노니는 정자란 뜻이지요. 이 말은 옛날 중국의 한 신하가 나이를 먹고 벼슬에서 물러나 한가롭게 갈매기와 친하게 지내며 머물던 서재를 '압구정'이라 했다는 이야기에서 따왔다고 해요.

그럼 한명회는 누구일까요? 한명회는 세종 대왕의 아들 수양 대군이 왕의 자리에 앉게 도운 사람이에요.

키륵 키륵
나 정승이었어. 두 명의 왕이 내 사위야.

수양 대군은 나중에 조선 제7대 왕, 세조가 돼요. 수양 대군은 세종의 둘째 아들이에요. 세종은 큰아들인 문종에게 왕의 자리를 물려주었어요. 그런데 문종이 아주 젊은 나이에 죽었어요. 그러자 문종의 아들 단종이 겨우 열한 살에 왕의 자리에 앉았어요.

단종의 삼촌이 되는 수양 대군은 군사를 동원해 하룻밤 사이에 단종을 돕던 신하들을 죽였어요. 그러고는 나라의 권력을 손에 쥐었어요.

이 사건을 계유년에 일어난 사건이라 해서 '계유정난'이라고 해요. 이때 계유정난을 설계한 사람이 바로 한명회예요.

이렇게 큰일이 벌어지고 나라의 힘을 수양 대군이 모두 쥐게 되자, 단종은 삼촌이 두려웠어요. 결국 단종은 삼촌에게 왕의 자리를 물려주고 상왕이 됐어요. 상왕은 왕의 자리를 내놓고 물러난 왕을 말해요.

그 뒤 단종을 다시 왕으로 만들자는 사건이 일어났어요, 이 때문에 단종은 강원도 영월로 유배를 갔다가 그곳에서 죽임을 당했어요. 이때 나이가 겨우 열여섯 살이었어요.

이렇게 무시무시하게 왕의 자리에 오른 세조를 도운 한명회는 우의정, 영의정까지 올라 권력을 누렸어요.

한명회의 권력은 세조 때로 끝나지 않았어요. 그다음 왕인 예종, 또 다음 왕인 성종 때까지 이어졌어요. 영향력이 얼마나 대단했는지, 자신의 두 딸을 차례로 예종, 성종의 왕비로 만들어 권력을 누렸어요.

세 명의 왕이 바뀔 동안 권력을 쥐고 흔들었던 한명회가 지은 정자, 압구정에 진짜 갈매기가 날아왔는지는 알 수 없어요. 하지만 명나라의 사신이 구경까지 하러 왔다는 이야기는 전해져요.

자, 이제 갈매기는 도시에 오지 않으니, 다음 역으로 출발!

오금역 오금아 날 살려라, 피난 간 임금

이번에 정차한 역은 오금역이에요. 오금동에 있어 '오금'역이에요.
이곳이 '오금동'이 된 데에는 두 가지 이야기가 전해져요.

첫 번째는 오동나무란 뜻의 '오(梧)', 거문고를 뜻하는 '금(琴)'이라는 한자가 알려 주는 이야기예요. 이곳에 오동나무를 깎아 거문고를 만드는 장인이 살았다고 해요. 그래서 이곳 이름이 '오금'이 되었다고 전해져요.

두 번째는 '오금'이라는 순우리말에 담긴 이야기예요. 오금은 무릎이 구부러지는 오목한 안쪽, 무릎 뒤쪽을 말해요. 그래서 이런 옛말이 있어요. "오금아 날 살려라." 몹시 급하게 도망갈 때 쓰는 말이에요. "걸음아 날 살려라."와 같은 말이에요. "오금이 쑤시다."는 뭔가를 하고 싶어 가만있지 못한다는 말이에요. "오금이 저리다."라는 소리를 들어 본 적 있나요? 뭔가 잘못을 저지르고 들통날까 봐 쩔쩔맬 때를 말해요.

그럼 우리 몸에 있는 오금이 왜 마을의 이름이 되었을까요?
조선 시대에 일어났던 병자호란과 관계가 있어요. 병자호란은 인조 때 청나라가 쳐들어온 전쟁이에요.
청나라가 압록강을 넘어 침략하고 며칠 지나지 않아 평양, 개성이 함락됐어요. 더 이상 한양에 있을 수 없게 된 인조는 강화도로 피난을 가려고 남대문 밖까지 나섰어요. 그때, 이미 강화로 가는 길을 청나라가 막고 있다는 소식이 들려왔어요. 인조는 하는 수 없이 남한산성으로 피난을 가기로 했어요.
남한산성으로 피난을 가는 길에 인조는 이곳의 백토 고개에서 잠시 쉬었어요. 그때 인조가 신하에게 오금이 아프다고 했대요.
먼 길을 다녀 본 적이 없었을 왕이 그것도 뒤를 쫓아오는 적에게 따라잡힐까

떨면서 도망을 치자니, '오금아 날 살려라.' 하는 마음으로 피난을 갔겠지요. 오금이 아팠을 거예요. 그래서 이곳의 이름이 '오금동'이 되었다고 해요.

병자호란은 청나라가 조선을 침략한 전쟁이라고 했어요. 그런데 왜 '병자호란'이라고 부를까요? 옛날에는 연도를 숫자로 표시하지 않았다고 했지요. '병자'도 연도를 일컫는 말이에요. 병자년에 일어난 전쟁이라는 뜻이지요.

'호'는 조선이 청나라를 오랑캐라고 얕잡아 부르던 말이에요. '란'은 난리, 바로 전쟁을 말하고요.

그렇다면 임진왜란도 그 뜻을 풀어낼 수 있겠죠? "'임진'년에 '왜', 일본이 쳐들어온 전쟁이란 뜻이다." 딩동댕! 맞았어요.

이렇게 역사에는 그 일이 일어난 해를 뜻하는 말을 붙여 부르는 사건이 많아요. 임오군란, 갑신정변, 갑오개혁, 을미사변처럼 말이에요.

뜻을 모르니 뭔가 아주 어려운 말 같지만, 앞의 두 글자는 모두 연도를 뜻하는 말이란 것을 알면 조금 쉬워지지요.

아, 그래도 그 뒤의 말들은 여전히 어려워서 점점 오금이 쑤신다고요? 그럼 이쯤에서 그만할까요?

자, 지하철 3호선 역사 여행은 여기까지 하고, 4호선으로 갈아탑니다!

역수역의 정보 플러스

독립문을 세운, **독립 협회**

명성 황후가 일본에 의해서 죽임을 당한 을미사변이 있었다.
그 뒤 고종은 아관 파천, 즉 러시아 공사관으로 옮겨 갔다.
이런 사건을 계기로 일제와 러시아, 외세가 서로 조선을 침탈했다.
이에 서재필 등이 자주독립의 뜻을 확고히 하고,
근대적 개혁과 계몽을 위해 독립 협회를 만들었다.
독립 협회는 한국 최초의 근대적 사회 정치 단체다.
독립신문을 만들고 자주독립의 상징으로 독립문을 세웠다.
민중을 깨우치기 위해 노력했으며, 만민 공동회라는 민중 집회를 열었다.

왕과 그 가족이 살던, **한양의 다섯 궁궐**

서울에는 경복궁, 창덕궁, 창경궁, 덕수궁, 경희궁, 다섯 개의 궁이 있다.
경복궁은 조선이 나라를 세우고 처음 지은 조선의 정궁이다.
창덕궁은 제3대 왕, 태종 때 지어졌다. 조선의 왕들은 창덕궁에서 가장 많이 지냈다.
임진왜란 뒤에는 경복궁이 다시 지어지지 못해 창덕궁이 조선의 법궁이 되었다.
조선 궁궐의 아름다움을 간직한 궁으로 유네스코 세계 문화유산이다.
창경궁은 세종 대왕 때 지어진 별궁이었다.
태종이 왕의 자리를 세종에게 물려주고 상왕이 되면서 창경궁에서 지냈다.
그 뒤 성종 때 왕후들을 모시기 위해 더 키웠다.
일제 강점기 때는 이곳을 동물원, 식물원으로 만들고 '창경원'이라고 낮춰 불렀다.
덕수궁은 처음에는 월산 대군의 집터였다.
임진왜란 뒤 궁이 모두 불타 버려 선조가 임시로 이곳에 머물렀다.
광해군 때 '경운궁'으로 이름이 바뀌었다.
조선 말, 고종이 순종에게 왕의 자리를 물려주고 이곳에 머물렀다.
고종의 장수를 빈다는 뜻으로 '덕수궁'이 되었다.
경희궁은 광해군 때 왕이 피신하는 궁으로 지어졌고, '경덕궁'이라고 불렀다.
규모가 크고 왕들이 이곳에서 정사를 보기도 했다.
창덕궁을 '동궐'이라고 부르듯이 경희궁을 '서궐'이라고 불렀다.
영조 때 이름을 '경희궁'으로 바꾸었다.

조선과 한양을 설계한, **정도전**

정도전은 고려 말 신진 사대부였다.
신진 사대부는 고려의 지배 세력인 권문세족에 대항해 개혁을 주장했다.
정몽주는 고려는 그대로 두고 개혁을 하자는 온건파였다.
정도전은 고려의 문을 닫고 새로운 나라를 만들자는 강경파였다.
결국 정도전은 이성계와 함께 새 나라를 설계하고 조선을 세웠다.
정도전은 새 나라의 도읍, 한양의 궁궐과 종묘 위치를 정했다.
경복궁과 문의 이름도 정도전이 지었다.
1차 왕자의 난 때, 나중에 태종이 되는 이방원에 의해 죽임을 당했다.

청나라의 침략, **병자호란**

조선 인조 때 청나라가 침략한 전쟁이다.
1627년 정묘년에 1차 침입이 있었다. '정묘호란'이라고 한다.
1636년 병자년에 2차 침입이 있었다. '병자호란'이다.
청나라 태종이 직접 군사를 이끌고 조선으로 쳐들어왔다.
인조는 남한산성으로 피했다.
청나라 군사들이 남한산성을 포위했고, 인조와 신하들은 성에 갇혔다.
신하들은 청나라에 항복하자는 쪽과 싸우자는 쪽으로 나뉘었다.
사십 일이 넘자, 인조는 결국 더 이상 버틸 수 없다고 판단했다.
인조는 세자와 함께 성 밖으로 나와 삼전도에서
청나라의 태종에게 머리를 조아리며 항복했다.
조선은 신하로서 청을 모시겠다는 굴욕스러운 약속을 했다.
청은 세자와 봉림 대군, 신하들을 볼모로 끌고 청으로 돌아갔다.

우리 동네 역의 역사

3호선 지하철역 이름에는 그 이름이 붙여진 이야기들이 담겨 있어요. 우리 동네 역 이름에는 어떤 이야기가 숨어 있을까요?

주엽역
이곳에 있는 산꼭대기에서 내려다보면 마을 모양이 잎사귀처럼 보여 '잎사귀 엽(葉)', 마을 가운데로 물길이 지나서 '흐를 주(注)'를 붙였다.

정발산
옛날 이 산 가까이 정씨와 박씨가 모여 살아 '정박산'이라 했다. 그 뒤 변해서 '정발산'이 되었다고 전해진다. 혹은 산의 모양이 솥처럼, 국이나 밥을 담아 먹는 사발처럼 생겨 '정(솥) 발(사발)'이라 불렸다고도 한다.

마두역
가까이 있는 정발산의 전체 모습이 말머리같이 생겼다고 해서 붙여졌다. '말 마(馬), 머리 두(頭)'를 썼다.

백석역
이곳 마을에서 크고 흰 돌을 신처럼 받들었다고 전해진다. '흰 돌'을 한자로 바꿔 '흰 백(白), 돌 석(石)' 자를 썼다.

화정역
옛날 이곳에 꽃물 마을, 찬 우물 마을이 있었다고 한다. 두 마을 이름을 한자로 옮겨 '꽃 화(花), 우물 정(井)' 자를 썼다.

삼송역
한양 도성 서쪽의 세 왕릉인 서삼릉 입구에 세(三, 삼) 그루의 소나무(松, 송)를 심었다고 해서 '삼송'이 되었다고 전해진다.

가락시장역
'가락골'이라는 옛 마을 이름에서 붙여졌다. 혹은 옛날에 한강이 넘쳐 송파 쪽이 물에 잠기자, 그곳 사람들이 여기로 옮겨 와 가히 살 만한 땅, 좋은 땅이라고 해서 '가락리'라 불렸다고도 한다.

수서역
한강과 이어지는 탄천의 서쪽 마을이라 '물 수(水), 서녘 서(西)'라 불렸다고 한다.

일원역
일원 서원이 있어서 붙여졌다고 한다.

대청역
옛날 이 마을에 아흔아홉 칸의 큰 한옥이 있었다고 한다. 탄천을 건너면서 바라보면 큰 한옥의 대청마루가 보인다고 해서 '대청 마을'로 불렸다고 한다.

학여울역
'학탄'이라고 불렸다. '학'은 새를 뜻하고, '탄'은 여울이라는 뜻이다. 우리말을 살려 지하철역 이름을 '학여울'로 정했다. 여울이란 바닥이 얕거나 폭이 좁아 물살이 세게 흐르는 곳을 말한다.

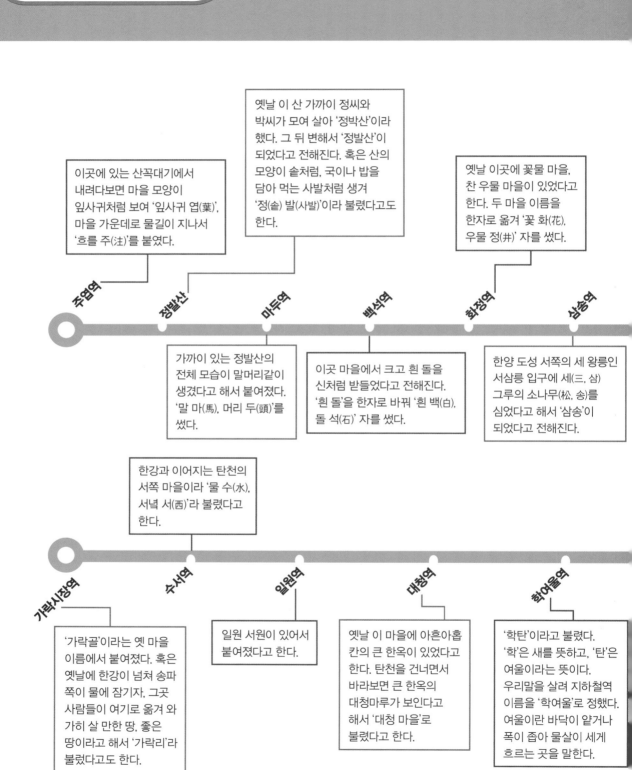

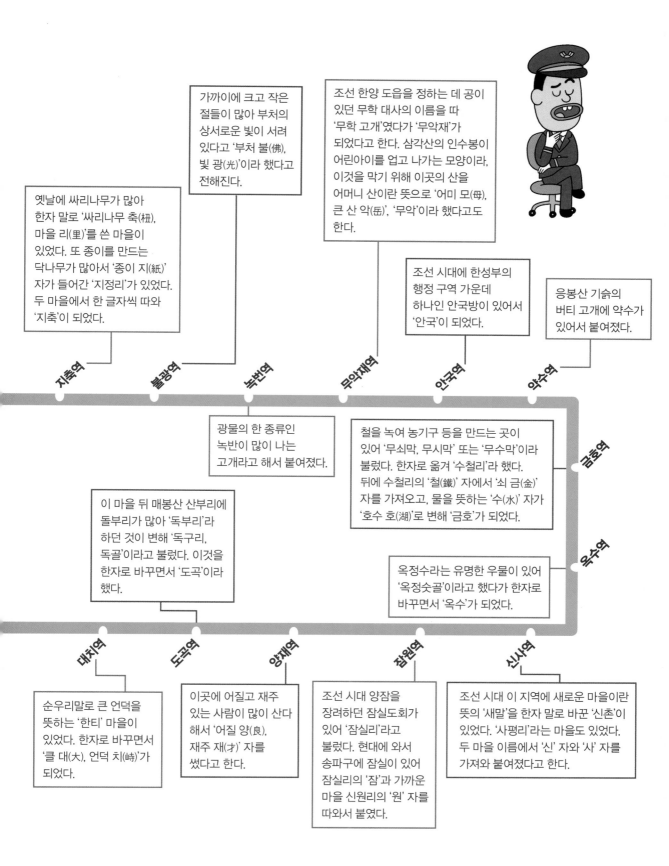

지축역

옛날에 싸리나무가 많아 한자 말로 '싸리나무 축(杻), 마을 리(里)'를 쓴 마을이 있었다. 또 종이를 만드는 닥나무가 많아서 '종이 지(紙)' 자가 들어간 '지정리'가 있었다. 두 마을에서 한 글자씩 따와 '지축'이 되었다.

불광역

가까이에 크고 작은 절들이 많아 부처의 상서로운 빛이 서려 있다고 '부처 불(佛), 빛 광(光)'이라 했다고 전해진다.

녹번역

광물의 한 종류인 녹반이 많이 나는 고개라고 해서 붙여졌다.

무악재역

조선 한양 도읍을 정하는 데 공이 있던 무학 대사의 이름을 따 '무학 고개'였다가 '무악재'가 되었다고 한다. 삼각산의 인수봉이 어린아이를 업고 나가는 모양이라, 이것을 막기 위해 이곳의 산을 어머니 산이란 뜻으로 '어미 모(母), 큰 산 악(岳)', '무악'이라 했다고도 한다.

안국역

조선 시대에 한성부의 행정 구역 가운데 하나인 안국방이 있어서 '안국'이 되었다.

약수역

응봉산 기슭의 버티 고개에 약수가 있어서 붙여졌다.

금호역

철을 녹여 농기구 등을 만드는 곳이 있어 '무쇠막, 무시막' 또는 '무수막'이라 불렀다. 한자로 옮겨 '수철리'라 했다. 뒤에 수철리의 '철(鐵)' 자에서 '쇠 금(金)' 자를 가져오고, 물을 뜻하는 '수(水)' 자가 '호수 호(湖)'로 변해 '금호'가 되었다.

옥수역

옥정수라는 유명한 우물이 있어 '옥정숫골'이라고 했다가 한자로 바꾸면서 '옥수'가 되었다.

신사역

조선 시대 이 지역에 새로운 마을이란 뜻의 '새말'을 한자 말로 바꾼 '신촌'이 있었다. '사평리'라는 마을도 있었다. 두 마을 이름에서 '신' 자와 '사' 자를 가져와 붙여졌다고 한다.

잠원역

조선 시대 양잠을 장려하던 잠실도회가 있어 '잠실리'라고 불렀다. 현대에 와서 송파구에 잠실이 있어 잠실리의 '잠'과 가까운 마을 신원리의 '원' 자를 따와서 붙였다.

양재역

이곳에 어질고 재주 있는 사람이 많이 산다 해서 '어질 양(良), 재주 재(才)' 자를 썼다고 한다.

도곡역

이 마을 뒤 매봉산 산부리에 돌부리가 많아 '독부리'라 하던 것이 변해 '독구리, 독골'이라고 불렀다. 이것을 한자로 바꾸면서 '도곡'이라 했다.

대치역

순우리말로 큰 언덕을 뜻하는 '한티' 마을이 있었다. 한자로 바꾸면서 '클 대(大), 언덕 치(峙)'가 되었다.

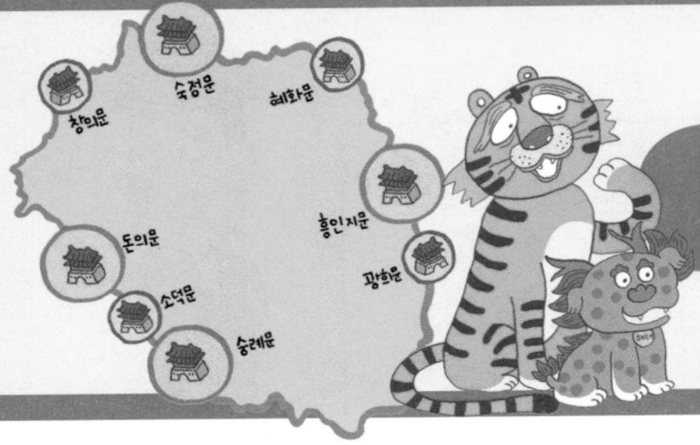

4호선

진접 – 오남 – 별내별가람 – 당고개 – 상계 – **노원** – **창동** – 쌍문 – 수유 – 미아 – 미아사거리 – 길음 – **성신여대입구**

오이도 – **정왕** – **신길온천** – **안산** – **초지** – **고잔** – **중앙** – **한대앞** – 상록수 – 반월 – 대야미

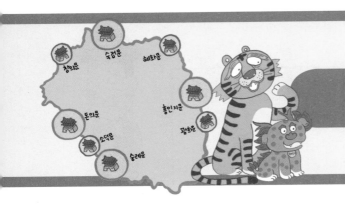

서울 지하철 4호선은 서울의 동북부와 남부를 잇는 전철로 출발했어요. 1985년 상계역에서 한성대입구역까지의 구간을 1차로 개통했어요. 그 뒤 당고개역에서 남태령역까지 운행하다가 양쪽 끝이 모두 경기도로 이어져 오십 개가 넘는 역을 달리고 있어요.
자, 그럼 4호선 지하철 역사 여행 출발합니다.

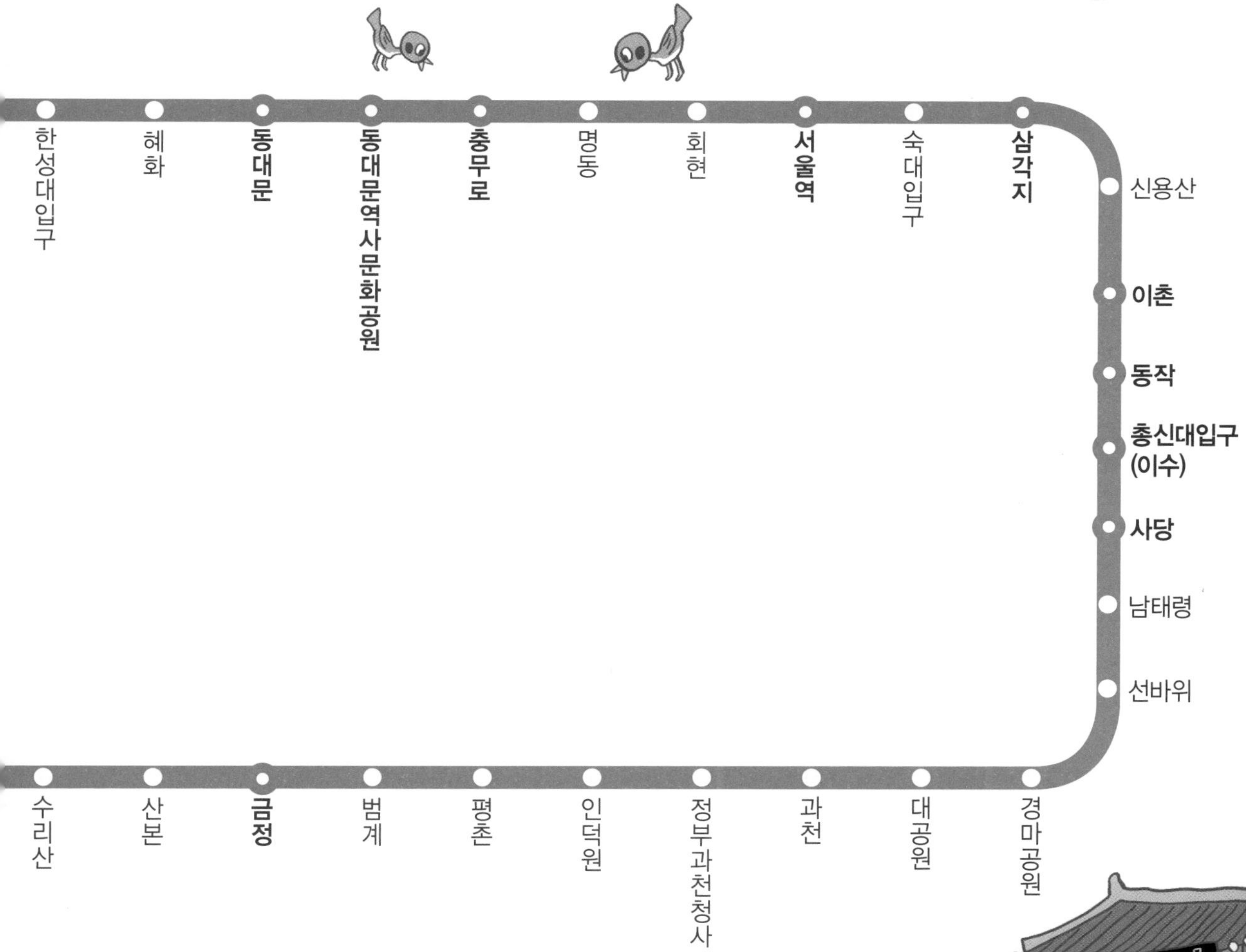

당고개역 짜잔, 나타나 나쁜 사람을 물리친 미륵

이번에 정차한 역은 당고개역이에요.

이제 '당' 자가 들어가면 딱 떠오르는 것이 있지요? 누군가를 모시고 제사를 지내는 곳이라고 말이에요. 이곳도 역시 옛날에 성황당도 있고 미륵당도 있었다고 해요.

성황당은 마을을 지키는 신을 모시는 곳이에요. 서낭당이라고도 해요. 서낭신을 모시는 신성한 곳이지요. 마을 어귀나 고갯마루에 원뿔 모양으로 돌을 쌓은 것으로, 그 옆에는 신성한 나무가 서 있어요. 혹은 장승이 세워져 있어요.

옛날 사람들은 나쁜 것들이 마을 안으로 들어오지 못하도록 성황당이 지켜 준다고 믿었어요. 고려 때 들어온 생각이고, 조선 시대에는 더욱 널리 퍼졌어요. 이런 믿음을 민간 신앙이라고 해요.

미륵당이란 미륵보살이라는 불교의 신을 모시는 곳이고요. 옛 사람들은 이곳에 와서 원하는 바를 이루게 해 달라고 빌었어요.

이렇게 당이 있던 고개라서 '당고개'예요. 한자로 '고개 현(峴)' 자를 써 '당현'이라고도 했어요. 성황당은 이곳뿐 아니라 다른 곳곳에도 있었기 때문에 당고개도 여기저기에 있어요.

이곳에 있었다는 미륵당에는 전해지는 이야기가 있어요.

조선 시대 영조 때 사도 세자가 죽자, 세자를 섬기던 이씨라는 궁녀가 슬퍼하며 먹지도 자지도 않다가 병이 났대요. 그러자 내의원 사람이 궁녀가 죽었다고 하고는 자신의 집으로 데려와 보살폈다고 해요. 내의원이란 궁궐 안에 있는 병원, 약국 같은 곳이에요. 구해 준 사람 덕분에 궁녀는 건강을 되찾았어요.

그러던 어느 날 일을 하고 집으로 돌아가던 이씨가 고개를 지나는데, 어떤 사람이 나타나 이씨를 해코지하려 했어요. 그때 짠 하고 누군가 나타나 해코지하려는 나쁜 사람들을 물리치고 이씨를 구했어요. 이씨는 너무 놀라 그 자리에서 기절해 버렸어요.

이 누군가가 누구였을까요? 그는 바로 죽은 사도 세자였대요. 자신의 죽음을 그토록 슬퍼한 이씨가 화를 당하는 것을 보고만 있을 수는 없었던 걸까요?

이씨가 밤새 돌아오지 않자, 이튿날 마을 사람들이 찾아 나섰어요. 이 고개에 기절해 있는 이씨를 발견했지요.

그런데 어찌 이런 일이! 이씨를 미륵불이 안고 있었대요. 죽은 사도 세자가 산 사람을 구한 것도 놀라운데 미륵불이라니, 마을 사람들이 모두 깜짝 놀랐다고 해요.

아마도 사도 세자가 죽어서 미륵불이 되었던 것이 아닐까요? 여러분의 상상이 전설 속을 마음대로 돌아다니도록 해 주세요.

신비하고 놀라운 광경을 본 마을 사람들은 이 고개에 미륵당을 세웠어요. 그러고는 미륵당에 해마다 제사를 지냈다고 해요.

이곳에 있었다는 미륵당에는 이런 신비한 이야기가 숨어 있었어요. 지금은 터만 남아 있어요.

자, 신비로운 미륵당을 뒤로하고 다음 역으로 출발!

쌍문역 부모님을 사랑하는 효자를 칭찬, 칭찬

이번에 정차한 역은 쌍문역이에요. '쌍'은 쌍둥이, 쌍무지개처럼 둘이 짝을 이룬 것에 붙는 말이에요. '쌍문'도 문이 두 개 있어 붙여진 이름이라고 전해져요.

문 두 개, 쌍문에 관한 이야기는 두 개보다 더 많아요.

첫 번째 이야기예요. 이 마을에 살던 한 부부가 갑자기 병을 얻어 한꺼번에 죽었대요. 그러자 아들은 효도를 다하지 못했다고 몹시 슬퍼하고 깊이 후회했어요. 아들은 부모님 무덤 옆에 허름한 움집을 짓고 몇 년 동안 무덤을 지켰어요.

이렇게 부모 무덤 옆에서 사는 것을 '시묘살이'라고 해요. 부모에게 효도하는 것을 아주 중요하게 여겼던 조선 시대에는 부모가 죽으면 시묘살이를 했어요. 산소를 돌보고 아침저녁으로 상을 차리고 문안을 올렸어요.

부모님이 돌아가신 것이 자신이 불효를 했기 때문이라고 여겨 집도 아닌 곳에서 자고, 거친 옷을 입고 거친 음식을 먹었던 거예요.

쌍문의 이야기 속 아들은 시묘살이를 몇 년이나 했으니 고생이 얼마나 심했겠어요. 그래서 아들도 그만 죽고 말았어요.

마을 사람들은 아들의 효심을 높이 여겨 효자문을 세웠어요. 한 개도 아닌 두 개씩이나요. 효자문 두 개, 그래서 '쌍문'이에요.

두 번째 전해지는 쌍문 이야기에도 효자가 등장해요. 마음을 다해 부모를 섬기는 아들이 있었어요. 효자로 이름이 났지요. 이런 모습을 보고 자라서인지 그 아들 역시 효자였어요. 효자라고 다른 이들의 칭찬을 받던 아버지와 아들이 대를 이어 효자문을 받았어요. 아버지 효자문, 아들 효자문, 이렇게 두 개의 효자문이 있어 쌍문이 되었어요.

두 이야기가 효자에 관한 것이었다면 세 번째는 여성, 열녀 이야기예요.

열녀란 무엇이냐면, 꿋꿋한 의지로 남편과 가정에 정성을 다하며 희생한 아내를 말해요. 이 마을에 열녀가 두 사람이나 있었는지, 열녀문이 두 개 있어서 이곳이 '쌍문'이 되었다고 전해져요.

이 동네에는 효자나 열녀가 많았네요. 그럼 왜 옛날에는 효자와 열녀를 위해 문까지 세웠을까요? 문이라고 하지만 드나드는 문은 아니에요. 아주 조그마한 집 모양이에요. 벽이 없이 앞뒤, 옆은 다 터져 있지요.

그 안에는 효자, 열녀가 어떤 사람인지를 적은 비석을 세웠어요. 이 문은 사람들이 많이 다니는 길목이나 마을 앞에 세웠어요. 사람들이 많이 다니는 곳에 세운 이유는 효자와 열녀의 효심과 절개를 본받으라는 뜻이었어요.

유교의 나라였던 조선에서는 유교에서 중요하게 여기는 '충, 효, 인, 의'를 강조했어요. 그래서 이런 덕목을 실천한 효자와 열녀들을 문을 세워 기리며 널리 알리고 칭찬했던 거예요.

쌍문에 얽힌 이야기들은 모두 조선 시대가 얼마나 충과 효를 강조했는지 알려주지요.

전해지는 마지막 이야기는 사람에 관한 이야기는 아니지만, 역시 두 개에 관한 이야기예요. 이 마을에 둘로 갈라지는 두 갈래 길이 있었대요. 둘이 짝을 이룰 때는 앞에 '쌍' 자가 붙는다고 했지요? 이처럼 짝을 이루는 길을 쌍갈랫길이라고 해요. 이 쌍갈랫길에 문이 있었대요. 그 문을 '쌍갈래 문, 쌍갈문'이라고 부르다가 나중에 '쌍문'이 되었다고 해요.

자, 쌍문 효자들의 효심을 본받으며 다음 역으로 출발!

혜화역 이름은 작은 문, 사람은 많이 오간 큰 문

이번에 정차한 역은 혜화역이에요. '혜화'는 혜화문이 있어서 이름 붙여졌어요.

조선이 나라를 세우고 한양을 도읍으로 정한 뒤, 도읍지를 둘러 성을 쌓았어요. 한양 도성이에요. 그 성에 네 개의 큰 문과 큰 문들 사이사이 네 개의 작은 문을 두었다고 동대문역과 광희문 근처 신당역에서 이야기했어요.

광희문처럼 네 개의 작은 문, 즉 사소문 가운데 하나가 혜화문이에요.

동쪽에 있는 작은 문이라서 '동소문'이라고 불리기도 했어요. 지금도 이쪽 동네 이름이 '동소문동'이에요.

이처럼 서쪽의 작은 문은 소덕문(소의문)이에요. 이 문도 역시 '서소문'이라고 불렸어요. 문은 사라지고 없지만, 역시 '서소문동'이라는 동네 이름에 남았어요.

앞서 동서남북 대문의 원래 이름 '흥인지문, 돈의문, 숭례문, 숙정문'을 기억하자고 했지요? 그럼 사소문의 원래 이름도 알아볼까요. 동북의 '홍화문', 남서의 '소덕문', 동남의 '광희문', 서북의 '창의문'이에요.

한양 도성의 네 개의 대문, 네 개의 작은 문 이름을 척척 말하면 역사 박사를 만났다고 존경의 눈으로 바라볼 거예요.

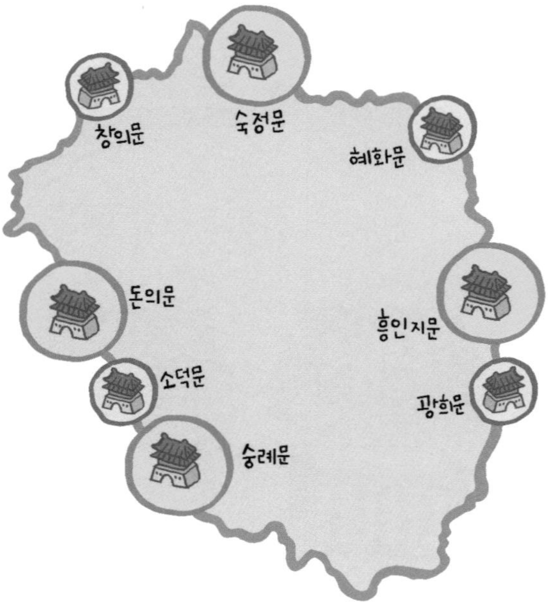

여기서 질문이 나와야겠지요. 처음에 혜화문도 광희문처럼 사소문이라고 했는데, 왜 사소문 원래 이름에 '혜화문'이 없냐고요. 네, 바로 '홍화문'이 '혜화문'으로 바뀌었어요.

도성을 짓고는 동북쪽 작은 문을 처음에 '홍화문'이라고 이름 지었어요. 그런데 그 뒤 창경궁을 세우고 궁의 동쪽 문 이름을 '홍화문'이라고 했지 뭐예요. 사소문의 홍화문과 헷갈리잖아요. 그래서 사소문인 홍화문의 이름을 '혜화문'으로 바꾸었어요.

혜화문은 도성의 작은 문 가운데 하나였지만, 거의 대문의 역할을 했어요.

북쪽에 있는 대문인 숙정문과 북쪽의 소문인 창의문은 드나들기 힘든 산속에 있었어요. 게다가 왕실에 불길하다는 이유로 문을 닫아 두어 백성들은 다닐 수 없었어요.

그래서 한양에서 동북쪽으로 나가려면 많은 사람들이 혜화문을 이용했어요. 혜화문 밖으로 지금의 의정부와 양주까지 이어지는 큰길이 있었어요.

또한 여진의 사신이 조선에 조공하기 위해 한양에 올 때는 혜화문을 통해 들어왔어요.

혜화문에 그려진 봉황의 이야기도 전해져요. 성문 위에 세운 문루에는 보통 용을 그려 넣었어요. 그런데 이곳에는 새들이 사람들에게 피해를 많이 주었대요. 그래서 새들의 왕이라고 하는 상상의 새, 봉황을 그려 피해를 막고자 했다고 전해져요.

조선 백성들에게 중요한 통행 문이었던 혜화문은 일제 강점기 때 돌보지 않아 허물어지고 있었어요. 그러다가 기어이 전차가 다니는 길을 낸다면서 일제가 완전히 없애 버렸어요. 1990년대에 와서야 원래 있던 위치에서 좀 비켜나기는 했지만 그 모습을 살려 다시 지어졌어요.

자, 우리 조상님들이 오가던 혜화문을 지나 다음 역으로 출발!

서울역 서, 서, 서 자로 시작하는 말, 서울

이번에 정차한 역은 서울역이에요. 기차역으로도 유명한 서울역이에요.

여기서, 궁금하지 않나요? '서울'이 무엇일까요? 당연히 대한민국의 수도라고 답하겠죠. 네, 맞아요. 그럼 '수도'란 무엇일까요? 그 나라의 중앙 정부가 있는 도시를 말해요. 옛날에는 왕이 있던 곳을 말했고요. 도읍이라고도 했지요.

그럼 '서울'이라는 말은 어디에서 왔을까요?

역사를 쭉 거슬러 올라갑니다. 신라 시대까지 왔어요.

신라는 지금의 경주에 있던 사로국이라는 작은 나라에서 출발했어요. 사로국은 '사라, 서나, 서나벌, 서야, 서야벌, 서라, 서라벌, 서벌' 등으로도 불렸어요. 이 말들은 새로운 나라, 동방의 나라, 혹은 성스러운 장소라는 뜻이었다고 짐작해요.

503년 지증왕 때 이르러 아름다운 한자를 골라 나라 이름을 '신라'라고 정했어요. 『삼국사기』에 보면 신라의 '신(新)'은 왕의 업적이 나날이 새로워진다는 '덕업일신(德業日新)'에서, '라(羅)'는 사방의 영역을 두루 넓힌다는 '망라사방(網羅四方)'에서 따왔다고 해요.

나라 이름은 '신라'라고 했지만 도읍지 경주, 그러니까 수도는 '서라벌, 서벌, 서나벌, 서야'라고 불렀어요. 옛 신라의 이름이나 도읍의 이름은 모두 '서, 서, 서' 자로 시작하죠. 아마도 여기서 '서울'이라는 말이 비롯되지 않았을까 여겨요.

또한 백제도 도읍이었던 부여를 '소부리'라고도 불렀다고 해요. 신라의 도읍처럼 시옷으로 시작하는 공통점이 있네요.

도읍 이야기가 나왔으니 우리 역사의 도읍지들을 한번 꿰어 볼까요?

삼국 시대 고구려의 도읍은? 국내성이었다가 평양성이었어요. 백제는 한성이었다가 웅진(공주), 사비성(부여)이었어요. 신라는 서라벌(경주)이었어요.

고려 시대로 넘어와 도읍은 송악(개성)이었어요. 그다음 조선은? 한양이지요. 드디어 대한민국의 수도는? 바로 서울이에요.

대한민국의 수도 '서울'의 또 다른 풀이도 있어요. '서울'의 '서'는 높다, 신령스럽다는 뜻을, '울'은 벌판, 큰 마을, 큰 도시, 한 국경 안에 모여 사는 '우리'라는 뜻의 우리말에서 나왔다고도 해요.

'서울'을 한자로 쓸 때는 '경도'라고 하는데, '서울 경(京)'과 '도읍지 도(都)' 자를 써요. 이 한자는 모두 '크다'는 뜻도 있어요.

지금껏 살펴본 서울의 뜻은 모두 성스럽고 큰 곳이라는 뜻이네요.

자, 그럼 수도 서울의 서울역을 지나 다음 역으로 출발!

남태령역 남쪽으로 가는 첫 고개에 여우가 살다

이번에 정차한 역은 남태령역이에요.

우선 한자 뜻부터 볼까요? '남태령'은 '남쪽(南, 남)의 큰(太, 태) 고개(嶺, 령)'라는 뜻이에요. 서울에서 남쪽으로 가면서 만나게 되는 큰 고개라는 말이지요.

옛날에는 이 고개를 '여우 고개, 여시 고개, 야시 고개'라고 불렀다고 해요. 이 고개에 나무가 울창해서 여우가 많이 나타났고 여우 굴도 있었대요.

심지어 천년 묵은 여우 이야기도 전해져요.

여시 고개의 천년 묵은 여우가 사람으로 변했어요. 여우는 요술까지 부렸어요. 소의 탈을 만들어 사람에게 씌워 소로 변하게 했대요. 여우는 소가 된 사람을 마구 부려 먹었어요.

다행히 옛이야기에는 어려움을 벗어나는 이야기가 꼭 등장해요. 여우의 요술 탈 때문에 소가 된 사람도 무를 먹으니 탈을 벗고 사람으로 돌아올 수 있었다고 해요.

여우가 살았던 여우 고개가 워낙 숲이 우거지고 깊어, 요술을 부리는 천년 묵은 여우도 살았을 거라는 옛사람들의 상상이 만들어 낸 전설이 아닐까요?

그렇다면 요술을 부리는 여우 이야기가 전해지는 '여우 고개'가 어떻게 '남태령'이 되었을까요? 조선 시대 정조 이야기로 넘어가요.

정조는 아버지 사도 세자의 무덤을 수원 화성과 가까운 화산에 만들었어요. 그러고는 아버지의 무덤을 자주 찾았어요.

그날도 정조가 아버지의 무덤으로 가기 위해 수원으로 향했어요. 가다가 이곳 여우 고개에서 잠시 쉬었어요.

이때 정조가 이 고개 이름이 무엇이냐고 물었어요. 그러자 이곳 이방이 머리를 조아리며 대답했어요.

"남태령입니다."

다른 신하가 놀란 눈으로 이방을 보며 나섰어요.

"이 고개는 옛날부터 여우 고개라 하는데, 이방은 어찌 상감마마에게 거짓을 아뢰느냐."

이렇게 나무라자, 이방이 고개를 숙이고 답했어요.

"본디 여우 고개이기는 하나, 상감마마께 어찌 그런 요망스러운 말을 감히 아뢸 수 있겠습니까. 하여 남쪽으로 통하는 첫 번째 큰 고개이니 남태령이라고 아뢰었사옵니다."

이 말을 듣고 정조가 빙그레 미소를 지었어요. 그러고는 임금 앞에서 말을 가려 하려고 노력한 이방을 칭찬했어요.

그 뒤부터 이 고개는 '남태령'이 되었다고 해요.

자, 천년 묵은 여우를 만나기 전에 다음 역으로 출발!

상록수역 어려움 속에서도 늘 푸른 나무 이야기

이번에 정차한 역은 상록수역이에요.

상록수는 늘 푸른 나무예요. 이곳 상록수역 이름의 뜻이 '늘 푸른 나무'이기는 해요. 그런데 이 역의 이름은 일제 강점기 때 쓰여진 소설과 관계가 있어요. 그 소설의 제목이 바로 '상록수'예요.

지하철역 이름이 소설 제목이라니, 그 이유가 궁금해지죠? 우선 이 소설이 어떤 내용인지부터 이야기할게요.

『상록수』는 일제 강점기 때 이야기예요. 일제는 우리 민족정신을 짓밟고 아주 없애 버리려 했어요. 우리 글인 한글도 못 쓰게 하고 이름도 일본식으로 바꾸게 했어요. 학교에서 우리말을 쓰면 야단을 치고 벌을 세웠어요.

우리말과 이름만 빼앗은 것이 아니에요. 우리 땅에서 나는 곡식, 광물 등 무엇이든지 빼앗아 갔어요. 이때 어느 곳보다 농촌은 살기가 정말 힘들었어요. 우리 땅 대부분이 농사를 짓고 사는 농촌이었으니 거의 모든 사람이 힘들었지요.

자, 이제 『상록수』 이야기로 더 들어가 봐요.

주인공 채영신과 박동혁은 많이 배운 지식인이었어요. 두 사람은 어려움에 빠진 농촌에서 글을 가르치고 많은 것을 알려 주기 위해 노력했어요. 이런 활동을 농촌 계몽 운동이라고 해요.

『상록수』는 채영신과 박동혁이 농촌 계몽 운동을 펼치는 이야기예요. 두 사람의 사랑 이야기도 담겨 있지요.

두 사람은 농촌과 나아가 나라를 살리겠다는 의지, 상록수처럼 변함없는 의지로 계몽 운동을 했어요. 두 사람의 사랑도 상록수처럼 변함없었지요.

이렇게 두 사람이 농촌 계몽 운동을 열심히 하던 어느 날, 박동혁이 모함을 받아 형무소로 끌려갔어요.

얼마 뒤 겨우 풀려난 박동혁은 채영신을 만나러 갔어요. 하지만 채영신은 혼자서 농촌 계몽 운동을 하다 과로와 병으로 숨진 뒤였지요. 박동혁은 몹시 슬퍼했어요.

박동혁은 상록수를 보며 채영신의 몫까지 변함없이 농촌 계몽 운동을 하겠다고 다짐하며 이야기는 끝을 맺어요.

『상록수』는 일제 강점기에 일제가 우리 민족을 얼마나 쥐어짜듯이 괴롭혔는지와 그렇게 어려운 상황 속에서도 노력하는 우리 민족의 모습을 그린 소설이에요.

자, 그럼 상록수역으로 돌아와서, 『상록수』란 소설의 제목이 왜 하필 이곳의 이름이 되었을까요?

『상록수』의 주인공 채영신에 그 답이 있어요. 이 소설을 쓴 작가는 진짜 있던 어떤 분을 보고 주인공 채영신을 그려 냈어요.

바로 최용신 선생님이에요. 이름도 비슷하지요? 주인공 채영신의 모델이 되었던 최용신 선생님이 농촌 계몽 운동을 한 곳이 바로 이곳이에요. 그래서 이 역의 이름이 '상록수'가 되었어요.

자, 소설 『상록수』를 읽어 보기를 바라면서 4호선 역사 여행은 여기까지 하고, 5호선으로 갈아탑니다!

역수역의 정보 플러스

뒤주에 갇힌, **사도 세자**

사도 세자는 조선 제21대 왕, 영조의 아들이며, 제22대 왕, 정조의 아버지다.
사도 세자는 어릴 때부터 총명해 아버지 영조의 기대를 받았다.
영조는 사도 세자가 열다섯 살이 되자 나랏일을 보게 했다.
사도 세자는 나랏일을 하면서 당파 싸움에 시달렸다.
게다가 엄격한 아버지는 크게 꾸짖었다.
그러다 사도 세자는 어느 날부터인가 온갖 이상한 행동을 했다.
두고 볼 수 없던 영조는 아들에게 스스로 생을 마감하라고 했다.
이를 거부하자, 아들을 세자에서 폐하고 뒤주에 가두었다.
뒤주란 쌀 같은 곡식을 넣어 두던 큰 나무 상자다.
뒤주에 갇힌 사도 세자는 팔 일 만에 죽게 되었다.
그 뒤 영조는 사도 세자의 아들 정조를 다음 왕이 될 세손으로 정했다.

조선 중기 이후, 조선 **여성의 삶**

고려 시대에 살았던 여성들은 벼슬을 할 수 없었지만
남자와 여자 사이에 차별을 크게 겪지는 않았다.
결혼하면 남자들은 거의 아내의 집에서 처가살이를 했다.
부모의 재산도 아들과 딸이 차별 없이 나누어 받았다.
족보에도 태어난 순서대로 이름을 올려 차별하지 않았다.
여자도 자유롭게 재혼을 할 수 있었다.
조선 초기에는 이런 고려의 풍습이 남아 있었다.
조선 중기에 들어서면서 유교 문화가 더 강해져 여성의 지위가 달라졌다.
여자는 바깥으로 자유롭게 나가지 못했고, 결혼하면 남자의 집에서 시집살이를 했다.
족보에는 남자부터 올렸고, 제사에는 참석하지도 못했다.
남편이 죽으면 쉽게 재혼할 수 없고, 일생 혼자 살기를 강요했다.
혹 재혼을 하면 그 아들은 벼슬길에 못 나가는 차별을 받았다.
이렇게 여자의 정절을 요구하기 위해 열녀문을 세워 널리 알리기까지 했다.

정조의 계획도시, **수원 화성**

정조는 불행하게 죽은 아버지 사도 세자를 향한 효심으로
사도 세자의 무덤을 지금의 수원, 화성 쪽으로 옮겼다.
또한 수원 화성을 짓기 시작했다.
화성 축조는 이곳을 개혁 정치, 경제의 중심지로 만들려는
정조의 의지가 담긴 계획된 신도시 건설이기도 했다.
실학자 정약용이 설계했으며, 그때의 예술가와 지식인들이 참여했다.
조선 과학 기술을 활용해 거중기, 활차, 녹로 등 기계를 써 지었다.
수원 화성의 구조와 아름다운 건축물들은 예술성도 높다.
그 아름다움과 역사적 가치를 인정해 유네스코 세계 문화유산에 올랐다.

농촌 계몽 운동, **상록수 운동, 브나로드**

농촌을 깨우치게 하자는 운동의 하나가 '브나로드' 운동이다.
그 뜻은 '민중 속으로 가자.'라는 러시아 말이다.
소설『상록수』에서 따와 '상록수 운동'이라고도 불렸다.
일제 강점기 때 학생과 지식 청년, 문화 단체,
그리고 동경 유학생들이 농촌으로 가 한글을 가르치고,
지식을 전달하는 계몽 운동을 펼쳤다.
민중 계몽을 통해 우리 민족이 스스로 강해지자는 민족 자강 운동이었다.
신문과 같은 언론, 조선어 학회, 청년 학생들이 힘을 합쳐
전국적으로 펼친 문화 운동이다.

우리 동네 역의 역사

4호선 지하철역 이름에는 그 이름이 붙여진 이야기들이 담겨 있어요. 우리 동네 역 이름에는 어떤 이야기가 숨어 있을까요?

오남역

오산과 어남이 합쳐지면서 한 글자씩 가져와 '오남리'라 했다. 조선 세조가 묏자리를 찾으러 가는 길에 건너다봤다고 '임금 어(御), 살펴볼 람(覽), 마을 리(里)' 자를 써 '어람리'라 했다고 전해진다. 이것이 '의냄리, 어냄이, 어남이'라고 불리다가 '오남'이 되었다고 전해진다.

상계역

마을이 개천의 위쪽에 있다고 해서 '윗 상(上), 시냇물 계(溪)'다.

노원역

'갈대 노(蘆), 언덕 원(原)'을 쓴다. 이곳에 갈대만 우거지고 사람 사는 집이 없어 지나는 사람들이 곤란하자, 쉬어 갈 수 있는 '역'을 세워 '노원'이라 했다.

수유역

북한산 골짜기에서 흘러내리는 물이 이 마을에 넘쳤다. 물이 넘친다는 뜻으로 '무너미, 무네미' 마을이라고 불렀는데, 한자로 바꾸면서 '물 수(水), 넘을 유(踰)'라고 했다.

미아역

미아사라는 절이 있어서 붙여졌다.

정왕역

이곳에 봉수대가 있었는데, 봉수대를 관리하는 벼슬아치들이 오간다는 뜻으로 '왕(往)', 관리는 올발라야 한다고 해서 '바를 정(正)'이 되었다고 전해진다.

안산역

산봉우리 모양이 연꽃 만 송이가 얽혀 있는 모양새라는 뜻으로 '안산'이라고 한다.

고잔역

바다 쪽으로, 부리 모양으로 뾰족하게 뻗은 땅을 곶이라고 한다. 이곳은 곶 안쪽에 있는 마을로, '곶 안'이 '고잔'이 되었다.

수리산역

수리산의 '수리'는 독수리나 솔개 같은 새를 뜻하는 것으로 짐작한다. 이 산에 수리들이 많아서 붙여진 이름이라고 한다.

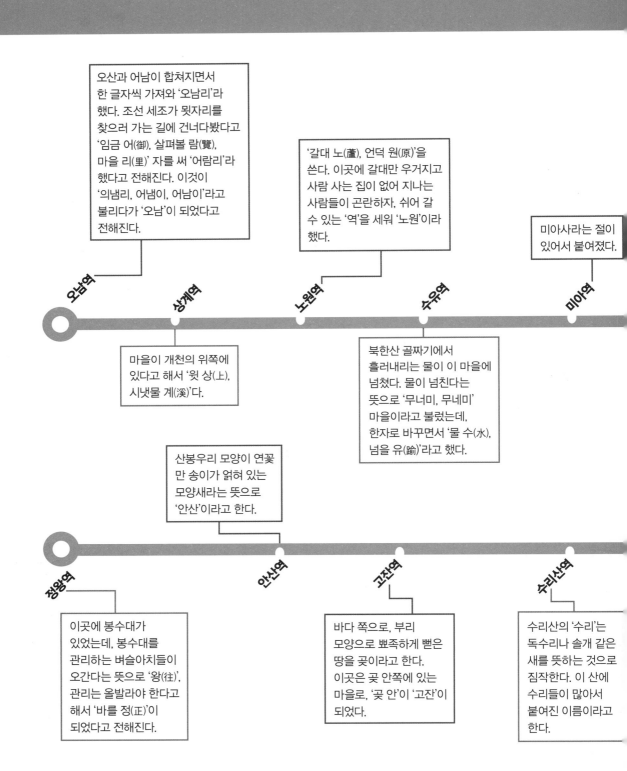

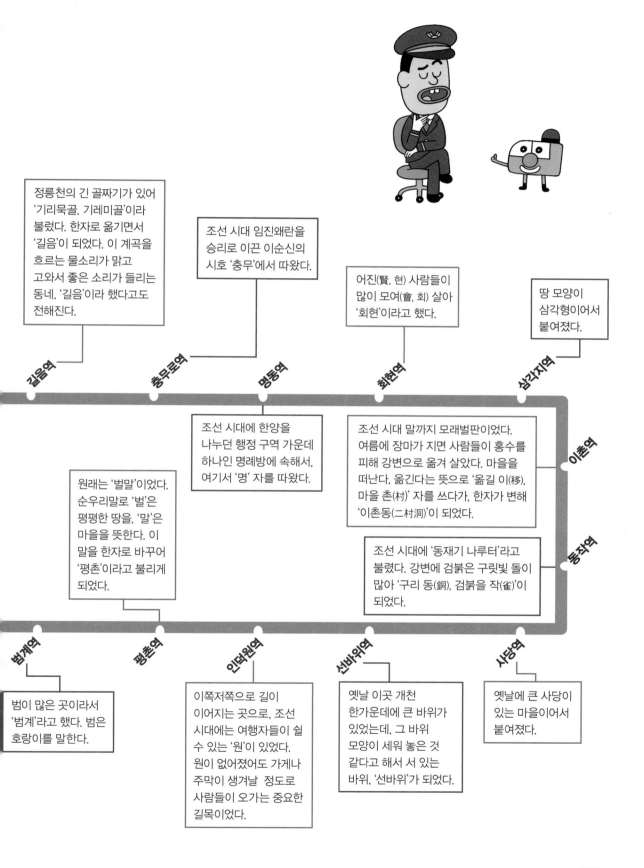

길음역

정릉천의 긴 골짜기가 있어 '기리묵골, 기레미골'이라 불렀다. 한자로 옮기면서 '길음'이 되었다. 이 계곡을 흐르는 물소리가 맑고 고와서 좋은 소리가 들리는 동네, '길음'이라 했다고도 전해진다.

충무로역

조선 시대 임진왜란을 승리로 이끈 이순신의 시호 '충무'에서 따왔다.

명동역

조선 시대에 한양을 나누던 행정 구역 가운데 하나인 명례방에 속해서, 여기서 '명' 자를 따왔다.

회현역

어진(賢, 현) 사람들이 많이 모여(會, 회) 살아 '회현'이라고 했다.

삼각지역

땅 모양이 삼각형이어서 붙여졌다.

이촌역

조선 시대 말까지 모래벌판이었다. 여름에 장마가 지면 사람들이 홍수를 피해 강변으로 옮겨 살았다. 마을을 떠난다, 옮긴다는 뜻으로 '옮길 이(移), 마을 촌(村)' 자를 쓰다가, 한자가 변해 '이촌동(二村洞)'이 되었다.

동작역

조선 시대에 '동재기 나루터'라고 불렸다. 강변에 검붉은 구릿빛 돌이 많아 '구리 동(銅), 검붉을 작(雀)'이 되었다.

사당역

옛날에 큰 사당이 있는 마을이어서 붙여졌다.

선바위역

옛날 이곳 개천 한가운데에 큰 바위가 있었는데, 그 바위 모양이 세워 놓은 것 같다고 해서 서 있는 바위, '선바위'가 되었다.

인덕원역

이쪽저쪽으로 길이 이어지는 곳으로, 조선 시대에는 여행자들이 쉴 수 있는 '원'이 있었다. 원이 없어졌어도 가게나 주막이 생겨날 정도로 사람들이 오가는 중요한 길목이었다.

평촌역

원래는 '벌말'이었다. 순우리말로 '벌'은 평평한 땅을, '말'은 마을을 뜻한다. 이 말을 한자로 바꾸어 '평촌'이라고 불리게 되었다.

범계역

범이 많은 곳이라서 '범계'라고 했다. 범은 호랑이를 말한다.

광화문

5호선

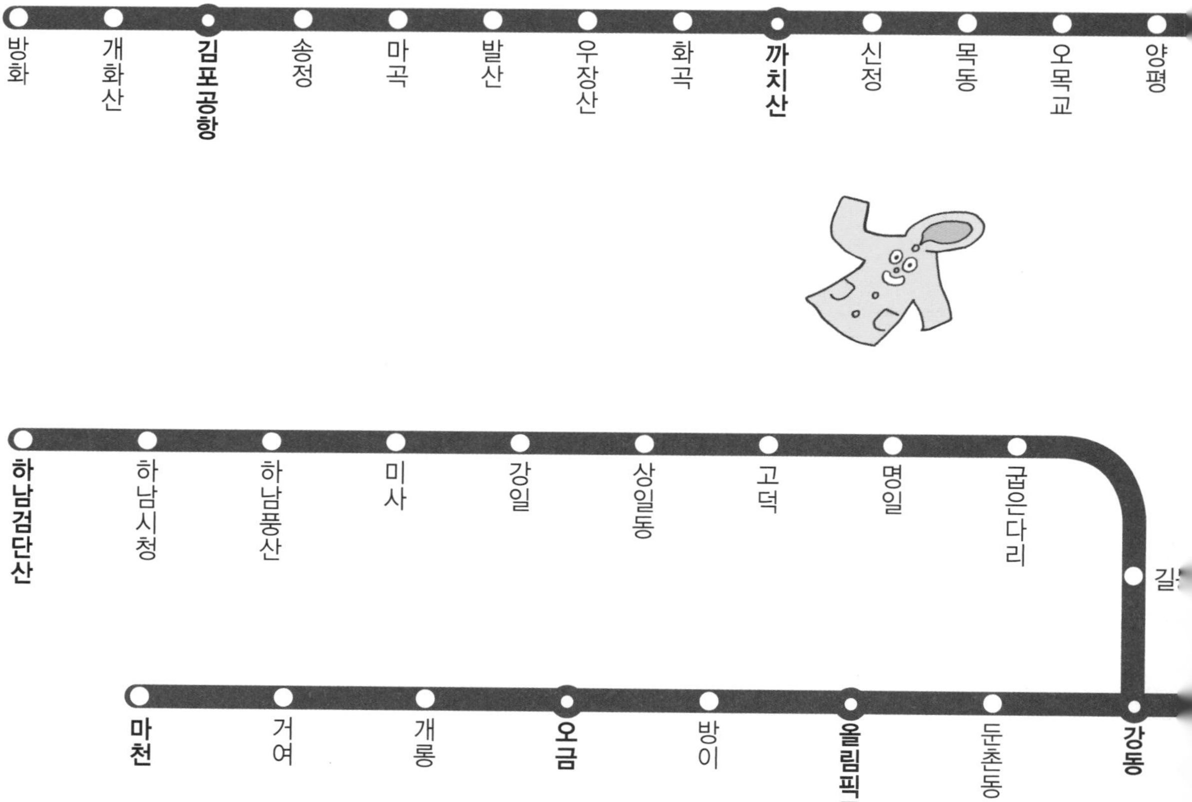
방화
개화산
김포공항
송정
마곡
발산
우장산
화곡
까치산
신정
목동
오목교
양평
하남검단산
하남시청
하남풍산
미사
강일
상일동
고덕
명일
굽은다리
길
마천
거여
개롱
오금
방이
올림픽공원
둔촌동
강동

서울 지하철 5호선은 서울을 동서로 가로지르는 노선이에요. 1995년 왕십리역에서 상일동역 구간을 처음 개통했어요. 그 뒤 오십여 개가 넘는 역이 이어져요.
강동역에서 하남 방향과 마천 방향으로 노선이 갈라져요.
자, 그럼 5호선 역사 여행 출발해 볼까요?

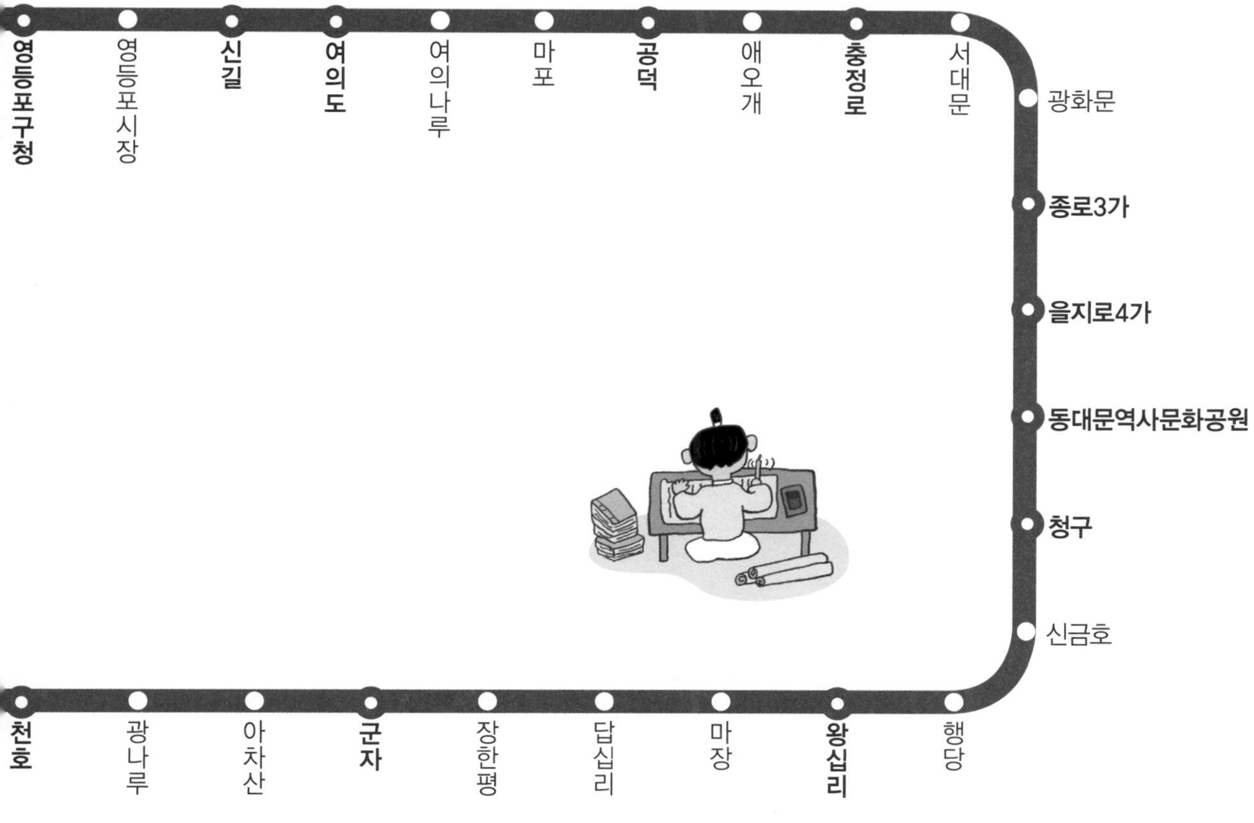

우장산역 우아, 드디어 비가 내린다, 우장 입자

나의 옛이름이 '우장'이야.

이번에 정차한 역은 우장산역이에요.

가까이 있는 산이 우장산이라서 붙여졌어요. 그럼 산 이름 '우장'은 무슨 뜻일까요? 비가 올 때 비를 막아 주는 옷을 비옷이라 하지요. 비옷을 한자 말로 하면 '우장(雨裝)'이에요. 그러니까 우장산은 '비옷 산'이란 말이에요.

그럼 왜 산 이름이 '비옷 산'일까요? 조선 시대에 이 산에는 기우제를 지내던 제단이 있었어요. 기우제란 비가 내리게 해 달라고 신에게 제사를 지내는 일이에요. 이곳에서 기우제를 지내면 끝나는 날에는 신기하게도 반드시 비가 왔대요. 기우제에 오는 사람들은 미리 비옷, 우장을 준비했지요. 그래서 우장을 가져간 산이라고 해 '우장산'이에요.

그렇다면 옛날 사람들은 왜 신에게 빌기까지 하며 비가 오기를 간절하게 바랐을까요? 아주 먼 옛날부터 우리 조상들은 농사짓는 사람이 가장 많았고, 가장 중요한 밥벌이였어요. 농사는 비가 오느냐 안 오느냐에 따라서 풍년, 흉년이 결정돼요. 그래서 기우제를 중요하게 여겼어요.

마을에서 작게 기우제를 지내기도 하고, 나라에서 큰 기우제를 올리기도 했어요. 왕이 직접 기우제를 올리기도 하고, 몇 날 며칠씩 기우제를 지내기도 했어요.

기우제는 조선 시대에도 고려 때도 지냈어요. 신라, 백제, 고구려의 삼국 시대 기록인 『삼국사기』에도 나라를 세운 임금의 묘나 이름난 산, 강에서 기우제를 올렸다는 기록이 남아 있어요. 어떤 시대에도 기우제는 아주 중요한 나라의 일이었어요.

자, 우장산을 향해 비가 알맞게 내리기를 기원하며 다음 역으로 출발!

한양의 서쪽 큰 문은 왜 사라졌을까? 서대문역

이번에 정차한 역은 서대문역이에요.

1호선 동대문역을 지날 때, 조선 시대 한양 도성에 네 개의 큰 대문이 있었다고 했지요. 그 가운데 서쪽 대문이 서대문이에요.

역사를 안다고 하면 한양 도성의 대문 이름쯤은 척척 말해야 한다고 강조했지요. 동대문은 '흥인지문', 서대문은 '돈의문', 남대문은 '숭례문', 북대문은 '숙정문'. 이렇게 대답하면 친구들 눈에서 존경의 빛이 발사될 거예요. 어깨가 으쓱으쓱해지죠?

'돈의문'을 방향에 맞춰 부른 '서대문'이 바로 이 역의 이름이에요. 그런데 동쪽, 남쪽, 북쪽의 흥인지문, 숭례문, 숙정문은 지금도 볼 수 있어요. 하지만 서대문(돈의문)은 볼 수가 없어요. 서대문역에 내려 열심히 둘러봐도 서대문이 안 보여요. 직접 본 사람이 없어요. 왜냐하면 그 모습이 사라졌으니까요.

일제 강점기 때, 길을 넓힌다는 구실로 무너뜨려 없애 그 흔적조차 찾을 수 없어요. 국립 고궁 박물관에 가면 '돈의문'이라는 현판만 볼 수 있어요.

돈의문은 한양 도성이 생기고 다른 성문과 함께 세워졌어요. 처음에는 '서전문'이라고 불렸어요. 세종 대왕 때 도성을 고쳐 쌓으면서 이 문을 헐고 좀 더 남쪽에 새로 돈의문을 세웠어요.

그래서 새로 지은 문, '새문'이라고도 불렸어요. 이 주변의 길을 새문의 안쪽 길이라고 '새문안길(새문안로)'이라 했어요. '새문'을 한자 말로 해서 '신문로'가 됐어요. 지금은 길과 역 이름에만 서대문의 흔적이 남아 있어요.

자, 서대문은 어떻게 생겼었을까 상상해 보며 다음 역으로 출발!

광화문역 왕이 납신다, 광화문을 열어라

이번에 정차한 역은 광화문역이에요.

광화문은 조선 시대 궁궐, 경복궁의 문이에요. 조선을 세운 태조가 경복궁을 짓고, 궁을 둘러 담을 쌓아서 궁성을 갖추었어요. 그리고 동서남북에 각각 문을 두었어요. 동쪽 문이 건춘문, 서쪽 문은 영추문, 북쪽 문은 신무문, 남쪽 문이 바로 광화문이에요.

광화문은 경복궁의 네 문 가운데 가장 큰 정문이에요. 드나드는 문은 윗부분이 무지개 모양으로 둥글어요. 이런 문을 홍예문이라고 해요. 광화문에는 홍예문이 셋 있어요. 가운데 홍예문은 왕이 다니는 길이었어요.

'광화문'은 빛이 널리 비춘다는 뜻으로, 세종 대왕 때 집현전 학자들이 이름을 지었어요.

조선 초에 왕의 문이었던 광화문은 조선 중기 임진왜란이 일어나면서 경복궁이 불탈 때 함께 타 버렸어요. 그 뒤 오랜 세월 사라졌다가, 조선 말 고종 때에 와서 흥선 대원군이 경복궁을 새로 지으면서 광화문도 다시 지어졌어요.

하지만 광화문의 아픔은 여기서 끝나지 않았어요. 나라를 빼앗기면서 일제는 우리 문화를 짓밟으려고 경복궁의 근정전을 가로막고 조선 총독부를 세웠어요. 이때 광화문도 동쪽으로 옮겨 버렸어요.

광복을 맞아 나라를 되찾았지만, 광화문은 제자리로 오지 못했어요. 오 년 만에 한국 전쟁이 일어났어요. 그때 광화문은 폭격을 맞아 또 불타 버렸어요.

임진왜란부터 일제 강점기, 한국 전쟁까지, 긴 세월 광화문은 제자리를 찾지 못하고 떠돌아야 했어요. 광화문이 지금의 자리에 제 모습을 찾는 데는 긴 시간이 걸렸어요.

우리의 아픈 역사와 함께한 광화문을 보기 위해 광화문역에서 내린다면, 광화문 앞 양쪽에 있는 해태상도 눈여겨보세요.

해태는 화재나 재앙을 물리친다는 신비로운 동물이에요. 또한 옳고 그름과 선과 악을 판단한다는 상상의 동물이에요. 원래는 '해치'라고 부르지요. 사자랑 비슷하지만 머리에 뿔이 달렸어요.

옛 중국 책에 해태를 설명한 글이 있어요. '동북쪽에 있는 짐승이며 한 개의 뿔이 있는데, 성품이 충직하다. 사람이 싸우는 것을 보면 바르지 못한 사람을 뿔로 받고, 사람이 다투는 것을 들었을 때는 옳지 않은 사람을 받는다.'라고 써 있어요.

조선의 정궁인 경복궁, 왕이 드나드는 정문인 광화문 앞에 해태상을 둔 이유가 있어요. 해치의 힘으로 화재나 재앙을 물리쳐 주기를 바라는 마음이 담겼어요. 또한 궁 안에서 나랏일을 보는 임금이 어느 쪽에도 치우치지 않고, 모두를 생각하는 바른 정치를 하기를 비는 뜻이 담겼다고 해요.

남의 나라를 빼앗는 마음, 전쟁을 일으킨 나쁜 마음을 해치가 들이받아 주어서 경복궁과 광화문은 다시 살아난 것이 아닐까요?

자, 답을 곰곰이 생각해 보면서 다음 역으로 출발!

군자역 으앙으앙, 귀한 왕자님 탄생이요!

이번에 정차한 역은 군자역이에요. 군자동에 있어서 '군자'역이에요.
그럼 '군자'가 무슨 말인지 살펴봐야겠지요. 이곳에도 옛이야기 한 편이 숨어 있어요.

어느 시대 왕인지는 알 수 없지만, 어떤 왕이 왕비와 함께 이곳을 지나다가 하룻밤을 머물게 되었대요. 그런데 그날 밤 마침 왕비가 아들을 낳았대요. 그래서 왕비가 왕자를 낳았다, 임금이 아들을 보게 되었다는 뜻으로 '임금 군(君), 아들 자(子)'를 써 '군자'가 되었다는 전설이 전해져요.

왕이 있던 옛날에는 왕과 왕족들을 부르는 호칭이 엄격하게 구분되었어요.
옛날 임금들은 아내가 여러 명이었어요. 왕비는 으뜸 아내이고, 후궁은 그 아래 아내들이에요. 그래서 아내가 낳은 자식들을 부르는 호칭도 다 달랐어요.
왕비가 낳은 아들은 이름 뒤에 '대군'을 붙였어요. 세종 대왕이 임금이 되기 전 호칭은 충녕 대군이었어요. 왕비의 아들이니까요. 세종의 아들 세조는 수양 대군이었다고 했지요. 군자에서 태어난 왕자도 왕비가 낳았으니 '대군'이에요.
후궁이 낳은 아들은 이름에 '군'을 붙였어요. 임해군, 연잉군(영조)처럼요.
이처럼 왕의 딸을 부르는 호칭도 차이가 있었어요. 왕비가 낳으면 '공주', 후궁이 낳으면 '옹주'예요. 단종의 누나인 경혜 공주는 왕비의 딸이라서 공주이고, 조선 말 고종의 딸이었던 덕혜 옹주는 후궁의 딸이에요.

이렇게 아들과 딸을 부르는 호칭이 다르듯이 왕과 왕비, 다음 왕의 자리를 이을 후계자를 부르는 말도 달랐어요.
고려는 스스로 황제의 나라라고 했어요. 그래서 나라에서 가장 높은 자리에 있는 사람도 황제였고, 부르는 호칭도 '폐하'라고 했어요. 왕비는 '황후'였어요.

조선은 중국의 명나라를 더 높이 여겨 황제는 명나라에 있다고 생각했어요. 조선의 임금은 황제 아래인 왕이었어요. 호칭도 '전하'라고 했어요. 왕비는 '왕후'예요. 후계자도 고려 때는 '태자'였고, 조선은 '세자'라고 했어요.

이제 역사 드라마나 역사 소설을 볼 때 왕족의 호칭을 더 잘 알 수 있겠지요?

자, 그럼 왕자님의 역을 뒤로하고 다음 역으로 출발!

아차산역 아차, 이제야 생각났다. 멈춰라!

이번에 정차한 역은 아차산역이에요.

이제 척하면 척이지요? 아차산이 가까이 있어 '아차산'역이라고요. 그럼 이 산 이름은 왜 '아차'일까요?

"아차, 하마터면 큰일 날 뻔했네."의 그 '아차'일까요? 네, 맞아요. 이처럼 무엇인가 잘못된 것을 갑자기 깨달았을 때 쓰는 말이 '아차'이지요.

아차산에는 조선 명종 때의 이야기가 전해져요.

점을 쳐서 잘 알아맞힌다고 온 나라에 소문난 홍계관이라는 점쟁이가 있었어요. 소문을 들은 명종이 나랏일에 도움이 될까 해서 그를 불렀어요.

"그대가 그리 점을 잘 치는가?"

명종이 묻자, 홍계관은 그렇다고 자신 있게 대답했어요. 그러자 명종은 준비한 궤짝을 내놓으며 이 안에 뭐가 있는지 맞히라고 했어요. 맞히면 소원을 들어주고, 틀리면 목을 베겠다고 했어요. 그러자 홍계관은 궤짝을 뚫어져라 보다 대답했어요.

"쥐가 들어 있습니다."

임금과 신하들은 깜짝 놀랐어요.

"과연 대단하구나. 잘 맞혔다. 이 속에는 쥐가 들었다. 그렇다면 몇 마리가 있는지도 맞혀 보거라."

명종은 좀 더 어려운 문제를 냈어요. 홍계관은 다시 궤짝을 바라보았어요.

"세 마리이옵니다."

홍계관이 답을 하자마자 드디어 궤짝을 열었어요.

그런데 아뿔싸, 궤짝 안에는 두 마리의 쥐가 웅크리고 있었어요.

맞히지 못했으니, 홍계관은 이제 꼼짝없이 죽게 생겼지요. 하지만 홍계관은 죽는 것보다 점이 틀려서 더 놀랐어요.

홍계관은 '틀릴 리가 없는데.' 하는 표정으로 결국 끌려 나갔어요.

홍계관이 끌려가고 잠시 뒤, 갑자기 명종이 외쳤어요.

"아차! 여봐라, 쥐들 가운데 암놈의 배를 살펴보아라."

신하들이 살펴봤더니 정말 암컷 쥐가 새끼를 한 마리 배고 있었어요. 그러니 홍계관의 말대로 세 마리가 맞았어요. 임금은 제대로 살피지 못하고 홍계관에게 사형을 내렸다는 것을 깨닫고 급히 형을 멈추라는 명을 내렸어요.

사형을 멈추라는 임금의 명이 닿기 전이었어요. 이미 사형장에 끌려온 홍계관은 마지막이라 생각하고 자신의 운명이 어찌 될지 점을 쳤어요. 결과는 '죽지 않고 산다'였어요.

홍계관은 시간을 끌어 보려고 사형 집행관에게 잠시 기다려 달라고 청했어요. 집행관은 홍계관이 죽기 전 마지막 부탁이니 들어주었어요.

이때 드디어 "기다려라, 어명이다!" 하고 외치며 달려오는 사람이 있었어요.

그런데 그 소리를 정확히 듣지 못한 집행관은 자기가 집행을 늦추고 있어 나무라는 소리로 들었어요. 사형 집행관은 서둘러 칼을 휘두르고 말았지요. 홍계관은 '아차' 죽고 말았어요.

궤짝 속에 뭐가 있는지 맞히고, 쥐가 몇 마리인지까지 정확히 맞힌 홍계관이었지만, 자신의 죽음은 맞히지 못했지요. 그렇다면 홍계관은 진짜로 잘 맞히는 점쟁이였을까요, 아니었을까요?

그때부터 홍계관이 '아차' 하는 순간에 죽은 곳의 뒷산을 '아차산'이라 부르게 되었다고 해요.

이곳 아차산에는 역사 속 다른 인물들의 죽음에 얽힌 이야기도 전해져요. 삼국 시대에 고구려의 공격을 받고 전사한 백제 개로왕의 이야기, 고구려 온달 장군의 생애 마지막 이야기도 전해져요. 아차산은 많은 이야기를 품고 있는 산이에요.

자, 이야기 산, 아차산을 지나 다음 역으로 출발!

고덕역 친구여, 나의 충성심은 변하지 않아

이번에 정차한 역은 고덕역이에요.

'고덕'이란 '높을 고(高), 덕 덕(德)'이란 한자 말로, 높은 덕이란 뜻이에요. '덕'이란 인간으로서 그 됨됨이가 어질고 올바른 마음, 훌륭한 품격을 말해요.

그렇다면 어떻게 이 동네가 덕이 높은 곳, '고덕'이 되었을까요?

이는 고려 말 이양중의 이야기로부터 시작해요.

이양중은 고려 말에 형조 참의라는 벼슬을 했어요. 그러다 고려가 멸망하고 새로운 나라 조선이 세워졌어요. 이양중은 조선에서는 벼슬을 하지 않겠다고 결심했어요. 고려에 대한 충성스러운 마음을 그대로 간직하기 위해서였어요. 그래서 벼슬길을 버리고 지금의 고덕동, 이곳에 숨어 지내며 공부만 했대요.

그런데 이양중은 이방원과 어릴 때부터 친구였어요. 이방원이 누구냐고요? 조선을 세운 이성계의 아들이에요. 게다가 고려를 멸망시키고 조선을 세우는 데 가장 공이 많은 아들이지요. 나중에는 조선의 세 번째 왕, 태조가 돼요.

친구가 새 나라를 세웠는데도, 이양중은 그 나라에는 충성을 바치지 않겠다고 결심했던 거예요.

한참 뒤, 이방원(태종)이 왕이 되었을 때예요. 이방원은 이양중에게 한성부윤이라는 높은 벼슬자리를 내렸지요. 하지만 이양중은 거절했어요. 이양중에게 있어 충성을 다해야 할 나라는 오직 고려뿐이었기 때문이에요.

그러자 태종이 직접 이양중을 찾아갔어요. 이양중은 태종을 맞이했어요. 아무리 어릴 적 친구라지만, 왕이 찾아왔는데도 소박한 옷을 입고 직접 빚은 술을 내놓았어요. 이양중은 왕 대접이 아니라 친구 대접만 했던 거예요.

태종 이방원은 왕으로서, 친구로서 조선의 벼슬길을 권했지만, 이양중은 끝까지 거절했어요. 이 모습을 보고, 태종은 고려에 대한 이양중의 굳은 마음을 어떻게 해도 꺾지 못하겠구나 하고 생각했다고 전해져요.

이렇게 이양중은 고려에 대한 지조를 끝까지 지키며 숨어 살았어요. 그런 그의 뜻을 높이 여겨 이양중이 살던 마을의 산을 '고지봉', 마을을 '고덕리'라 불렀다고 해요.

조선의 입장에서 보면, 이양중은 조선이라는 새 나라를 받아들이지 않았는데도 왜 덕이 높다고 했을까요?

조선은 유교를 중요하게 여긴 나라예요. 유교에서는 신하가 나라와 임금에게 정성을 다하는 충과 꿋꿋한 지조를 높이 여겼어요. 그래서 이양중같이 자신이 섬긴 나라에 끝까지 충을 다한 마음을 귀하게 여겼어요.

한참 뒤에는 이양중처럼 고려에 끝까지 충성을 다한 이들을 바른 도리를 지킨 신하라고 해서 '고려수절신'이라고 불렀어요. 이런 충성스러운 마음을 조선의 신하들도 본받기를 바라서였겠지요.

자, 이양중의 높은 덕을 기리며 다음 역으로 출발!

둔촌동역 꼭꼭 숨었다. 난 자연과 시가 좋아

이번에 정차한 역은 둔촌동역이에요.

둔촌동에도 고려 때 이야기가 숨어 있어요.

고려 공민왕 때, 이집이란 신하가 이곳에 숨어 지내며 시를 짓고 공부만 했대요. 이집의 호가 '둔촌'이라서, 이곳이 '둔촌동'이 되었어요. 호의 뜻조차 '숨을 둔(遁), 마을 촌(村)'이에요.

이집은 왜 이곳에 숨어 지냈을까요? 고려 말의 유명한 스님, 신돈 때문이에요.

신돈이 누구인지부터 알아야겠지요. 신돈은 공민왕의 신임을 받아 함께 개혁 정치를 폈던 사람이에요.

공민왕 때 고려에서는 권문세족이 막강한 힘을 가지고 있었어요. 권문세족들은 권력을 이용해 백성들의 땅을 빼앗았어요. 공민왕은 전민변정도감이라는 기구를 만들어 백성들이 억울하게 빼앗긴 땅을 돌려줬어요. 또한 억울하게 권문세족들의 노비가 된 사람들도 풀어 주려고 했어요. 이런 일들을 신돈이 앞장서 했어요. 빼앗긴 땅과 신분을 돌려준다니 백성들은 무척 좋아했겠죠. 하지만 땅과 노비들을 내놓아야 하는 권문세족들은 싫어했을 거예요.

그런 가운데 신돈도 왕의 신뢰를 믿고 점점 새로운 권력 세력이 되어 갔어요.

이때 벼슬하고 있던 이집이 신돈의 잘못을 따졌어요. 신돈은 이집이 미웠겠지요. 이미 권력자가 된 신돈이 자신을 해칠 기미가 보이자, 이집은 가족과 함께 늙은 아버지를 업고 밤낮으로 달려 경상도로 도망쳤다고 해요.

한참 뒤, 신돈도 결국 권력의 자리에서 쫓겨나 죽임을 당했지요. 그제야 이집은 다시 벼슬자리로 돌아왔지만 바로 물러나 버렸어요. 그러고는 이곳으로 와 자연을 벗 삼아 살았다고 해요.

자, 이집이 둔촌동에 숨은 마음을 헤아려 보며 다음 역으로 출발!

대나무 바구니 언박싱, 투구와 갑옷이다! 개롱역

이번에 정차한 역은 개롱역이에요.

'개롱'은 한자 말로 연다는 뜻의 '개(開)', 대바구니라는 '롱(籠)'이에요. '롱'은 '농'에서 온 말로, 옷이나 물건을 넣어 두는 상자를 말해요. 그러니까 '개롱'은 상자를 연다는 말이지요.

개롱역에는 조선 시대 임경업 장군의 전설이 전해져요. 임경업 장군이 산에서 궤짝을 하나 주웠는데, 이곳에서 열어 보니 투구와 갑옷이 나왔대요. 그래서 '개농'이라고 했다가 '개롱'이 되었어요. 혹시 하늘이 내려 준 갑옷이었을까요? 절대로 화살이나 칼이 뚫지 못하는 갑옷이었을까요? 그것은 알 수가 없어요.

임경업 장군은 병자호란 때 활약한 장군이에요. 임경업 장군은 명나라와 청나라에도 이름이 알려졌어요. 임경업 장군은 어려서부터 용맹하고, 말을 잘 타며 활도 잘 쏘았다고 해요. 광해군 때 무과에 급제해 조선을 지키는 장군이 되었어요.

다음 역인 마천역에도 임경업 장군의 이야기가 숨어 있어요.

임경업 장군이 이곳에서 백마를 얻고 말에게 샘물을 먹였대요. 이 샘은 가뭄이 들어도 신기하게도 마르지 않았어요. 그래서 말의 냇물이라 해서 '말 마(馬), 냇물 천(川)', '마천'이 되었다고 해요.

농 속에서 나온 갑옷, 백마와 마르지 않는 샘물 이야기처럼 임경업 장군에게는 신비로운 전설이 따라다니네요. 아마도 임경업 장군이 용맹하고 존경을 받는 인물이기 때문이겠지요.

자, 그럼 5호선 역사 여행은 여기까지 하고, 6호선으로 갈아탑니다!

역수역의 정보 플러스

경복궁을 다시 세운, **흥선 대원군**

광화문은 경복궁의 남문이자 정문이다.
경복궁은 조선을 세우고 처음 지은 정궁이다.
임진왜란 때 불타 이백칠십여 년 동안 빈터로 남아 있었다.
조선 말, 고종이 왕이 되고 아버지 흥선 대원군이 나랏일을 맡았다.
대원군이란 왕의 아버지를 일컫는다.
왕이 뒤를 이을 아들 없이 죽으면 왕족 가운데 새 왕을 정했다.
이때 왕이 된 임금의 친아버지에게 대원군이라는 벼슬을 내렸다.
흥선 대원군은 왕실의 권위를 세우기 위해 경복궁을 새로 지었다.
흥선 대원군은 경복궁을 새로 짓기 위해
관리와 왕족들에게 강제로 기부금을 거두었다.
원망스럽게 기부금을 바친다고 '원납전'이라고 했다.
백성들은 경복궁을 새로 짓는 공사에 나가야 했다.
경복궁을 다시 지으면서 왕족부터 백성까지 원망이 많았다.
그러나 새로 지어진 경복궁은 조선 말의 건축 예술을 잘 담고 있다.
오늘날까지 그 웅장함을 자랑하고 있다.

아차, 한강을 빼앗긴, **백제 개로왕**

『삼국사기』에 따르면, 고구려 장수왕은 백제에 도림이라는 첩자를 보냈다.
남쪽으로 영토를 넓히고자 백제를 살피기 위해서였다.
도림은 백제 개로왕이 바둑을 좋아하는 점을 이용해 믿음을 얻었다.
그러고는 고구려가 쳐들어올 것에 대비하지 못하게 했다.
새 궁궐을 지으라고 부추겨 백제가 약해지게 만들었다.
또 다른 기록에 의하면, 백제 개로왕도 공격에 대비했다고 한다.
방어 태세를 만들었고, 외국과 손을 잡으려고 노력했다고 전해진다.
그러나 백제는 고구려 장수왕의 공격을 받고 힘없이 무너졌다.
백제가 설 때부터 그때까지 도읍지였던 한성을 빼앗겼다.
개로왕은 아차산성 아래에서 고구려군에 죽임을 당했다.

반드시 한강을 되찾으리라, **고구려 온달 장군**

아차산성에는 온달 장군의 전설이 전해진다.
바보라고 불렸던 온달은 울보 평강 공주와 결혼한 뒤 고구려의 장군이 되었다.
온달 장군은 신라가 빼앗아 간 한강 이북 땅을 반드시 되찾겠다며 전쟁에 나갔다.
그러나 온달 장군은 아단성 전투에서 신라군의 화살에 맞아 죽고 만다.
부하들이 장례를 지내려고 하는데 온달 장군의 관이 꼼짝도 하지 않았다.
그러자 평강 공주가 와 그만 돌아가자고 하니 관이 움직였다고 한다.
온달이 죽은 아단성이 아차산에 있는 아차산성이라고 전해진다.

바깥세상으로 나가지 않는다, **두문불출**

'두문불출'이란 집에서 밖으로 전혀 나가지 않을 때 쓰는 말이다.
'두문불출'에는 이양중처럼 새 나라 조선의 벼슬을 거부하고
숨어 산 고려 신하들의 이야기가 담겨 있다.
고려의 신하 일흔두 명은 끝까지 고려에 충성하고
꿋꿋한 의지를 지키기 위해 산골짜기로 들어가 살았다.
조선 왕조는 이들이 나오지 않자 포위하고 불을 질렀다.
불을 지르면 살려고 나올 거라 여겼기 때문이다.
그러나 이들은 결코 나오지 않았다.
그곳에서 죽음을 맞이했다고 전해진다.
이곳을 문을 막고 나가지 않았다는 뜻으로,
막다는 뜻 '두(杜)', '문 문(門)', '두문동'이라고 했다.
'두문'에 나가지 않는다는 '불출'이 붙어서 '두문불출'이다.

고려의 마지막 개혁 왕, **공민왕**

공민왕은 고려 후기 개혁 정치를 펼쳤던 왕이다.
공민왕은 원나라가 힘이 약해진 때를 기회로 삼아
원의 간섭을 물리치고 자주성을 되찾으려 노력했다.
그래서 신돈을 뽑아 개혁을 펼쳤다.
공민왕은 권문세족의 강한 반발에 부딪혔다.
결국 공민왕은 신돈를 없앴고, 공민왕 역시 죽임을 당했다.
기울어 가는 고려를 다시 세우려 했던 공민왕이 죽자,
고려는 멸망의 길로 더 다가가게 되었다.

우리 동네 역의 역사

5호선 지하철역 이름에는 그 이름이 붙여진 이야기들이 담겨 있어요. 우리 동네 역 이름에는 어떤 이야기가 숨어 있을까요?

청구역
'청구'란 삼국 시대부터 중국에서 우리나라를 부르던 말이다. '청색'은 동쪽을 가리키는 색으로, 동방의 나라 혹은 동쪽 하늘에 뜨는 별을 '청구'라 해 '청구'를 '동방 세계'라고도 풀이한다.

애오개역
고개 모양이 엄마 등에 업힌 아기 같다 해서 '애오개'라고 했다. 또는 두 개의 큰 고개 사이에 있는 작은 고개라고 해 '애 고개'가 '애오개'가 되었다. 한자 말로 '아현'이라고도 한다. 옛날에 도성 안에서 죽은 아이 시체를 이 고개를 넘어 묻었다고 해서 '애 고개'라 불렀다고도 한다.

공덕역
옛날 우리말에 좀 높은 구릉 지대를 '더기, 덕, 언덕'이라고 불렀다. 이곳 큰 언덕을 '큰더기(큰덕)'라고 했다. 한자로 옮기면서 '공덕'이 되었다고 한다.

마포역
'삼개'라고 불렸던 포구를 한자로 옮기면서 삼을 뜻하는 한자 '마(麻)'를 붙여 '마포'가 되었다고 한다.

여의도역
옛날에 홍수가 나면 다 잠기고 이곳 산꼭대기만 잠기지 않아 머리를 내민 듯이 보였다. 사람들이 바라보며 '너의 섬'이라고 해, '너 여(汝)' 자와 '섬 도(島)'를 붙였다고 한다.

마장역
조선 초기부터 말을 기르던 양마장이 있었다고 한다.

답십리역
조선 초기 무학 대사가 도읍지를 정하려 할 때 이곳을 밟았다는 이야기에서 '밟을 답(踏)' 자를 썼다. 동대문에서 십 리 정도 떨어진 거리에 있어 '열 십(十)' 자가 붙었다.

장한평역
조선 시대에 나라에서 말을 기르던 목마장이 있었다. 목장의 안쪽에 있는 벌판이라고 해서 '마장 안 벌', '장안벌'이라 했다.

광나루역
강폭이 넓은 곳에 있는 나루라고 넓다는 뜻의 '광(廣)' 자를 써서 '광나루'라고 했다. 광주로 가는 나루가 있다고 해서 붙여졌다고도 한다.

길동역
강에서는 멀고, 높은 산이 없어 물난리, 산사태도 겪지 않는 살기 좋은 곳이라고 좋다는 뜻의 '길(吉)'이 붙여졌다. 혹은 땅 모양이 길어서 '길동'이 됐다고 한다.

굽은다리역
조선 시대에 두 마을을 잇는 다리가 구부러져서 지어진 이름이다.

명일역
고려 때, 관리나 여행자들이 머무는 명일원이 있었다.

방화역

꽃이 피는 것을 개화라고 한다. 개화하는 모습처럼 생긴 개화산이 가까이 있다 해서 '곁 방(傍), 꽃 화(花)', '방화'다.

개화산역

신라 시대 주룡 거사라는 사람이 머물러 '주룡산'이라 불렸다고 한다. 그가 이곳에서 죽고 그 자리에 꽃이 피어났다. 그 뒤 '열 개(開), 꽃 화(花)', '개화산'이라고 부르게 되었다.

김포공항역

우연히 얻은 금 때문에 사이가 나빠질까 봐 금덩이를 강에 던져 버렸다는 의좋은 형제 전설이 전해진다. 형제가 금을 던진 물이라고 '투금포'라고 불렸다가, '쇠 금(金)'을 '김'으로 읽게 되었다고 한다.

송정역

공항동의 원래 이름인 '송정리'에서 따왔다. 옛날 마을에 소나무가 우거져 '소나무 송(松)'을 붙여 '송정리'라고 했다.

발산역

이곳에 있는 산의 모습이 놋쇠로 만든 밥그릇인 주발처럼 생겼다고 해서 사발을 뜻하는 '발(鉢)'을 써 '발산'이라고 한다.

화곡역

땅이 기름져 벼가 잘 자라서 누렇게 익어 황금빛을 이루는 마을이었다고 한다. 벼를 뜻하는 '화(禾)' 자를 썼다.

목동역

옛날 이곳은 산으로 둘러싸이고 나무가 많았다. 풀이 많아서 말을 놓아기르는 목장이 있었다. 이 말을 돌보는 목동과 가족들이 모여 살던 동네라서 '목동'이 되었다고 한다.

오목교역

오목내에 놓인 다리다. '오목내'는 주변의 작은 하천들이 모여들어 바닥이 오목하게 들어갔다고 해서 붙여진 이름이다. 이곳에 다리를 놓으려 해도 물살에 늘 떠내려갔는데, 한 스님이 오동나무가 멈추는 곳에 다리를 놓으라고 했다. 그렇게 생긴 다리라서 오동나무 다리, '오목교'라고 했다는 이야기도 전해진다.

양평역

한강 나루터 양화진 가까이에 있는 벌판에 생겨난 마을이라고 해서, 양화진의 '양' 자와 벌판 '평(平)' 자가 붙여졌다.

강일역

하천 아래에 있다고 '아래 하(下)' 자를 붙여 '하일동'으로 불리다가 '강일동'으로 바뀌었다.

미사역

이곳에 미륵불이 있어 '미사, 메수내'라고 부르다가 '미사'가 되었다고 전해진다.

하남검단산역

백제 때, 검단 선사가 세상을 피해 이곳에 숨어 살았다고 '검단산'으로 불리게 되었다고 한다.

올림픽공원역

우리나라에서 처음 열린 1986년 서울 아시안 게임과 1988년 서울 올림픽 때, 대회를 위한 경기장들을 이곳에 만들었다.

방이역

조선 시대 병자호란 때 관군과 마을 백성들이 오랑캐(청나라)를 막아 냈다고 '막을 방(防)' 자와 '오랑캐 이(夷)' 자를 합쳐 '방이'가 되었다고 전해진다. 그 뒤 한자는 바뀌었다.

거여역

이곳에 거암이란 사람이 살았다고 '거암리'라고 불리다가 발음이 변했다고 전해진다.

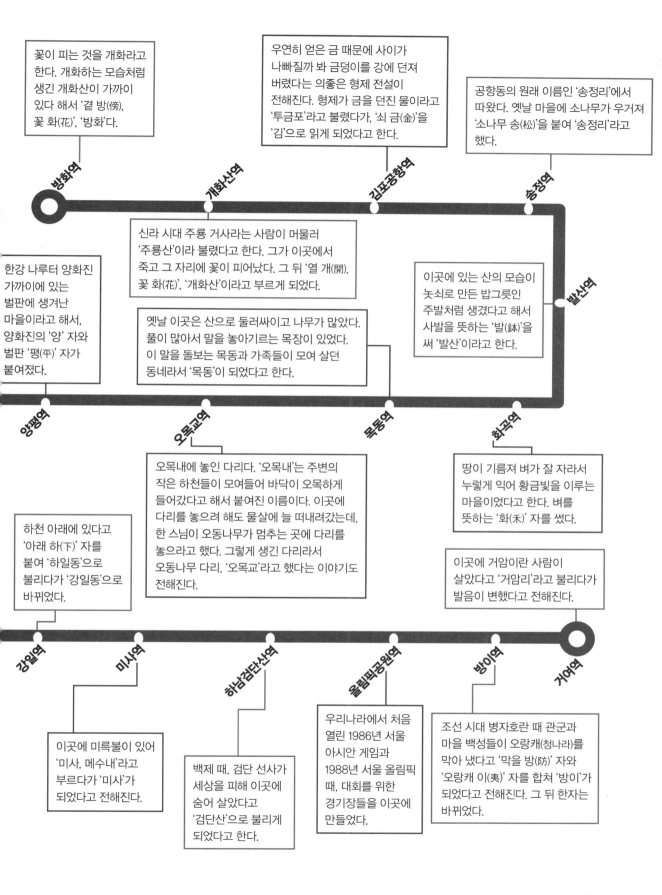

6호선

신내
봉화산
화랑대
태릉입구
석계
돌곶이

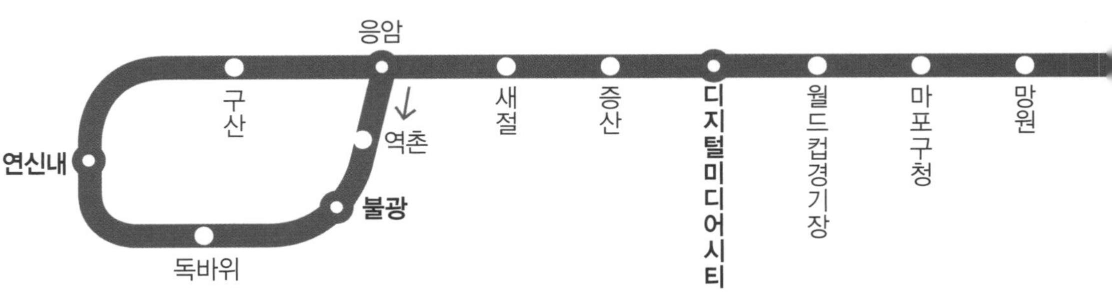
응암
구산
역촌
연신내
불광
독바위
새절
증산
디지털미디어시티
월드컵경기장
마포구청
망원

지하철 6호선은 서울 동북부와 서북부를 연결하는 노선이에요. 2000년에 봉화산역에서 상월곡역 구간이 처음 개통되었어요. 그 뒤로 마흔 개 가까운 역이 이어져요.
6호선은 1, 2, 3, 4, 5, 7호선과 환승할 수 있어요.
자, 그럼 6호선 지하철 역사 여행 출발합니다!

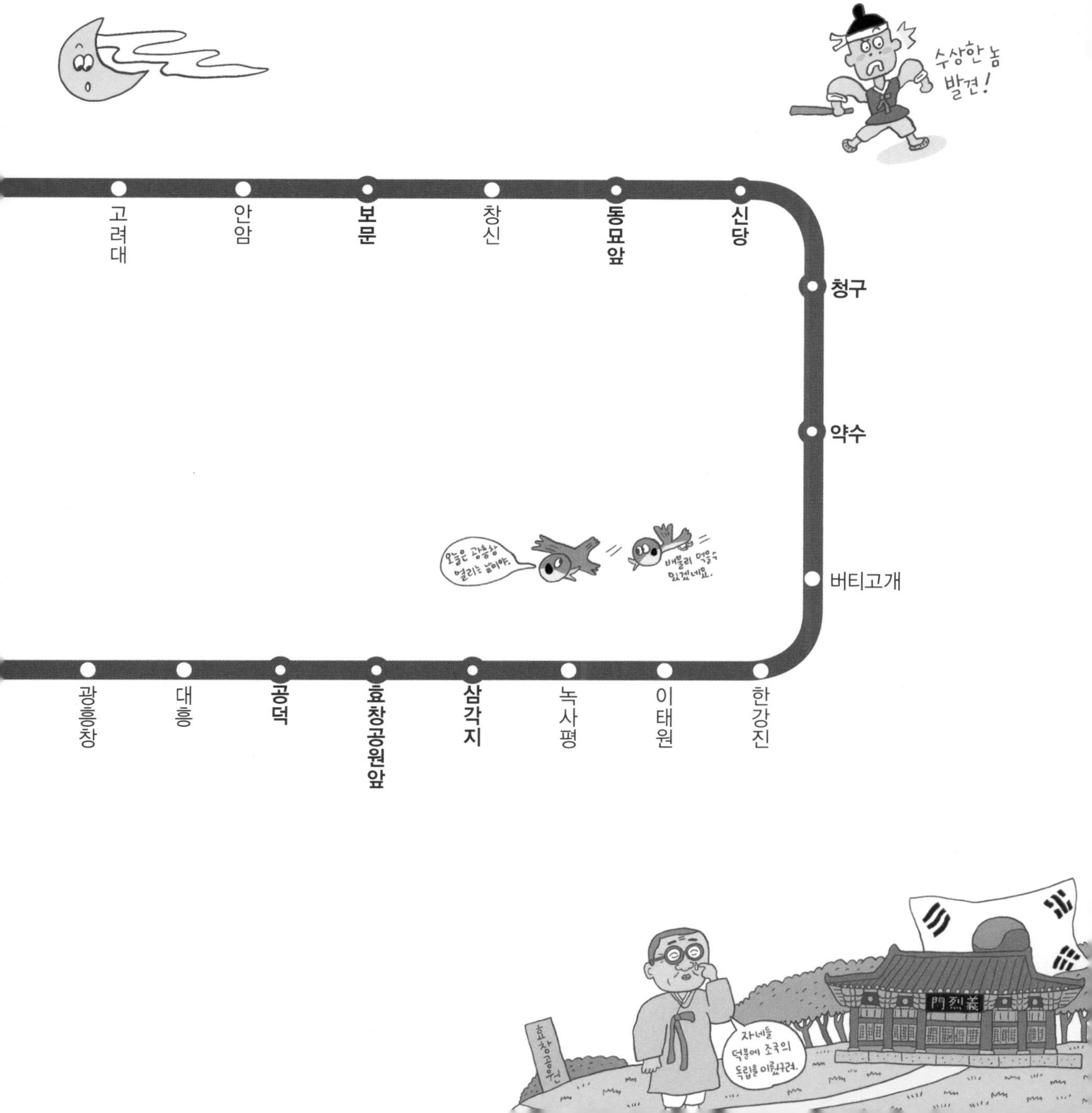

봉화산역 적들이다! 봉화를 더 올려라

이번에 정차한 역은 봉화산역이에요.

'봉화'의 한자는 '봉화 봉(峯), 불 화(火)'예요. 두 글자 모두 불이라는 뜻이 담겼지요. 설마 봉화산이 화산이었을까요? 아니, 아니에요. 자연 불이 아니라 사람이 일부러 피운 불을 말해요. 앗, 그럼 왜 사람이 산에 불을 피웠을까요? 누군가 산불을 냈을까요? 이 역시 아니에요.

옛날에 봉화를 피우던 봉수대가 있던 산이라서 '봉화산'이라고 했어요.

그렇다면 봉화는 무엇이고, 봉수대는 무엇인지 궁금해지죠? 높은 산봉우리에 불을 피우거나 연기를 올려서 소식을 알리는 방법이 '봉화'예요. 봉화를 올리던 큰 굴뚝 같은 시설을 '봉수대'라고 해요. 봉화는 밤에 피우는 횃불만을 가리키는 말이었는데, 조선 시대에는 낮에 올리는 연기까지 모두 봉화라고 불렀어요.

불을 피울 시설까지 마련해 왜 봉화를 올렸을까요?

옛날에는 사람이 달려가거나 말을 타고 직접 가서 소식을 전하는 방법밖에 없었어요. 이런 방법은 사람이 움직여야 하니 시간이 걸리지요.

급한 소식을 그보다 빠르게 알릴 방법은 없었을까요? 사람이 이동하는 것보다 눈으로 보는 방법이 더 빠르겠지요. 그 방법이 바로 봉화였어요.

높은 산에 불을 피우면 멀리서도 잘 보여요. 이 산에서 피운 불을 다음 산에서 보고 불을 피우면, 또 다음 산에서 볼 수 있어요. 이렇게 이어서 소식을 전하면 빠르게 전달될 수 있겠지요.

그럼 또 궁금해지죠? 불만 피우는데 그 말이 무슨 뜻인지 어떻게 알까요?

봉수대가 여러 개 있었어요. 그래서 불 피우는 봉수대 개수로 뜻을 전했어요.

소식이 얼마나 급한가에 따라서 불을 피우는 봉수대의 개수를 달리해 신호를

보냈어요. 보통 때는 봉화를 하나, 적이 나타났다면 봉화 둘, 더 가까이 다가왔다면 봉화 셋, 기어이 침범했다면 봉화 넷, 결국 우리와 전투가 벌어졌다면 다섯 개의 불을 피웠어요. 이처럼 불을 피우는 개수에 따라서 뜻을 미리 정해 두어 무슨 신호인지 알 수 있었어요. 여러 개 피울수록 다급한 소식이었어요.

봉화는 자세한 소식을 알리는 방법이 아니라 아주 급한 신호를 보내는 방법이었어요. 전국에 산이 많은 우리 땅에 꼭 알맞은 방법이기도 했어요.

다시 봉화산으로 돌아와서, 이곳 봉화산은 아주 높은 산은 아니지만 주변에 큰 산이 없었어요. 시야가 탁 트여 있다는 장점이 있는 산이었어요. 그래서 이곳에서 봉화를 피우면 멀리서도 잘 보여 봉수대를 만들었다고 해요.

국경 지역이었던 함경도 쪽에서부터 봉수대를 통해 이어진 소식이 이곳에 닿았어요. 그다음 마지막으로 한양에서 가장 가까운 목멱산의 봉수대까지 신호가 닿았어요. 목멱산은 지금의 남산을 말해요.

이처럼 전국 봉수대에서 이어져 온 소식은 목멱산 봉수대로 모아졌고, 이 소식은 바로 왕과 조정에 닿았지요.

자, 봉화를 이용한 조상들의 지혜에 박수를 보내며 다음 역으로 출발!

화랑대역 용맹한 꽃미남들, 신라를 지키다

이번에 정차한 역은 화랑대역이에요.

이 역 가까이에 육군 사관 학교가 있어요. 육군 사관 학교는 대한민국의 육군 장교를 길러 내는 학교예요. 장교란 일반 병사가 아니라 병사들을 지휘하는 지휘관이에요.

육군 사관 학교가 가까이 있는데, 왜 이 역은 '화랑대'역이 되었을까요?

육군 사관 학교가 생기면서 이곳의 이름을 '화랑대'라고 부르게 되었어요. 신라 화랑이 신라를 지켜 내고 삼국 통일을 이룩했던 전통을 이어받아, 나라를 지키는 훌륭한 군인을 길러 내자는 뜻에서 비롯되었어요.

그럼 신라 화랑은 무엇일까요? '화랑'의 뜻은 꽃처럼 아름다운 남성이란 말이에요. 그렇다면 화랑은 신라의 꽃미남 모임이었을까요? 네, 화랑들은 잘생겼다고 해요. 그러나 화랑이 모인 데는 더 큰 이유가 있었어요.

나라에서 귀족 출신으로 잘생기고 품격 있고, 행동이 올바른 젊은이를 뽑았어요. 이들을 화랑이라고 대표로 세웠더니, 이들을 따르는 무리가 구름처럼 모였다고 전해져요.

그러니까 신라에서는 아름다운 귀족 청년을 뽑아 단체를 만들었던 거예요. 그 이유는 신라를 이끌 뛰어난 인재를 길러 내기 위해서였어요. 그 우두머리를 '화랑'이라고 하고, 그를 따르는 사람들을 '낭도'라고 했어요. 이들을 화랑도라 했는데 전국을 다니면서 몸과 마음을 갈고 닦으며 충성심을 길렀어요.

화랑도는 개인보다는 단체를 먼저 생각하는 단체정신이 아주 강한 청소년 집단으로, 서로 배우고 우정을 나눴어요.

화랑도가 만들어진 뜻대로 화랑에서 신라의 인재들이 많이 나왔어요.

가야 연맹에서 가장 강한 대가야를 정벌할 때 큰 공을 세운 사다함이 화랑이었어요. 화랑으로 가장 유명한 사람은 김유신이지요. 김유신은 신라의 삼국 통일을 이끈 장군이에요. 또한 신라가 삼국을 통일하는 데 가장 중요했던 황산벌 싸움에서 죽은 반굴과 관창도 화랑이었어요.

관창의 이야기는 아주 유명하지요.

백제 최고의 장군 계백의 군사와 신라의 군사가 황산벌에서 맞붙어 치열하게 싸우고 있었어요. 이때 화랑 관창이 홀로 나서 적군을 향해 돌진했어요. 그러나 그만 백제군에 사로잡혔어요. 계백 장군은 포로가 된 관창을 보고 감탄했어요. 열여섯 살 소년이 적을 두려워하지 않고 용맹하게 나섰기 때문이었죠. 계백 장군은 그 용기를 높이 여겨 죽이지 않고 돌려보냈어요.

그러나 관창은 다시 적군에게 달려들었다가 또 잡혔어요. 그제야 계백 장군은 관창을 베었고, 그의 목을 말안장에 매달아 되돌려 보냈어요. 신라군은 죽음을 두려워하지 않고 신라를 위해 싸운 어린 화랑 관창이 죽어 돌아온 모습을 지켜보았어요. 관창의 죽음이 오히려 신라군의 용기를 북돋웠어요. 기어이 신라군은 승리를 거두었어요.

신라군의 황산벌 전투 승리는 화랑도 정신을 죽음으로 실천한 관창의 희생이 이뤄 낸 결과라고도 할 수 있어요.

『화랑세기』라는 신라 책에 '현명한 재상과 충성스러운 신하가 여기서 솟아 나오고, 훌륭한 장수와 용감한 병사가 이로 말미암아 생겨났다.'라는 기록이 있어요. 그만큼 화랑에서 중요한 인재들이 많이 나왔어요.

그 뒤로도 훌륭한 인재가 되어 조국을 지키겠다는 화랑도 정신은 우리 민족의 전통 정신이 되었어요. 일제 강점기 때는 독립 애국정신으로 이어졌어요. 이제는 육군 사관 학교의 정신이 되었지요.

자, 화랑정신에 경례를 올리며 다음 역으로 출발!

태릉입구역 어마마마, 나랏일은 어떻게 해요?

이번에 정차한 역은 태릉입구역이에요. 태릉 가까이 있어 그 입구라고 했어요. '릉'이 무엇인지 기억하죠? 네, 릉(능)은 왕이나 왕비의 무덤이에요. 그럼 태릉에 누가 잠들어 있을까요? 조선 제11대 왕, 중종의 왕비이자 제13대 왕, 명종의 어머니인 문정 왕후예요.

문정 왕후는 아들 명종이 겨우 열두 살에 왕이 되자, 명종이 스무 살 어른이 될 때까지 대신 정치를 했어요.

여자는 문밖에 나가기도 힘들었던 조선 시대에 여자였던 문정 왕후는 어떻게 정치를 했을까요? 바로 수렴청정을 했어요. '수렴청정', 뭔가 어려운 말 같지요. 어려워도 하나씩 풀면 그 뜻을 알 수 있어요.

무엇인가를 드리운다는 '수(垂)', 발을 내려 가린다는 '렴(簾)', 듣는다는 '청(聽)', 나라를 다스린다는 '정(政)'이 바로 '수렴청정'이에요. 그러니까 발을 내려 드리우고, 그 뒤에서 신하들의 말을 듣고 나라를 다스린다는 뜻이에요.

국경을 강화해.

나이 어린 왕이 왕의 자리에 앉으면 어려운 정치를 잘할 수 없겠지요. 그래서 왕실에서 가장 큰어른인 왕의 할머니, 대왕대비나 왕의 어머니 혹은 바로 전 왕비였던 왕대비가

전하, 지금 변방이 심상치 않으니 군사를 보내시지요.
끝나고 궁중떡볶이 먹어야지.
유과

수렴청정으로 왕과 함께 정치에 참여했어요.

그러다가 왕이 어른으로 자라 정치를 혼자 할 수 있을 나이가 되면 대왕대비나 대비는 수렴청정을 그만두고 물러났어요.

대왕대비나 대비의 정치 참여는 어린 왕이 자라서 정치를 할 능력을 갖출 때까지였던 거예요.

그런데 여기서 궁금해지죠. 발은 왜 쳤을까요?

유교를 따르던 조선에서는 친척이 아닌 남자와 여자는 얼굴을 마주하지 않고 피해야 했어요. 아무리 왕족이고 왕실의 어른인 대왕대비나 대비라고 해도 여자이니, 남자인 신하들 앞에 얼굴을 드러내고 나랏일을 의논할 수는 없었기 때문이래요.

이 정도로 조선 시대는 여자들이 바깥 활동을 못 하게 했어요. 그런 조선 시대에 여자가 정치에 참여한 유일한 경우라고 할 수 있어요. 조선 시대에는 모두 여덟 번의 수렴청정이 있었어요.

고구려, 신라, 고려 때도 어린 왕이 왕의 자리에 앉으면 왕의 어머니가 정치를 했어요, 이때는 수렴청정이 아니라 '섭정'이라고 표현해요. 왕을 대신해 나라를 다스린다는 뜻으로요.

자, 그럼 태릉으로 돌아가 볼게요.

명종이 어릴 때 수렴청정을 했던 문정 왕후는 후대에 좋지 않은 평가를 받기도 했어요. 동생이 큰 권력을 쥐고 사화를 일으키기도 했고, 유교 나라인 조선에서 꺼려 하던 불교에 깊이 의지했거든요.

조선 시대에 여자로서 특별한 인생을 살았던 문정 왕후는 사실 남편인 중종의 무덤, 선정릉에 함께 묻히고 싶어 했어요. 하지만 뜻을 이루지 못하고 자신만 따로 태릉에 묻혔어요.

자, 문정 왕후가 잠든 태릉을 뒤로하고 다음 역으로 출발!

버티고개역 조선 경찰, 순라꾼이 외친다. 번도!

이번에 정차한 역은 버티고개역이에요.

이름에서 옛날에 이곳이 고개였다는 걸 딱 알겠죠.

그럼 '버티'는 무슨 말일까요? 누군가 여기서 버티고 있어서 붙여졌을까요? 버티고 있기는 버티고 있었는데, '버티 고개'의 '버티'는 버틴다는 뜻은 아니에요. '버티 고개'라는 이름에는 두 가지 이야기가 전해져요.

첫 번째 이야기는 도둑 이야기예요. 옛날에 이곳은 길이 좁고, 사람이 별로 없어 도둑만 많았대요. 그래서 생겨난 농담이 있어요. 험악하게 생기고 마음씨도 나쁜 사람을 보면, "밤중에 버티 고개에 가서 앉을 녀석이다." 하고 말했답니다. 도둑 같다고 놀리는 말이었어요.

그럼 이곳이 왜 버티 고개가 되었는지는 순라꾼의 이야기로 이어져요.

지금의 경찰과 같은 사람을 옛날에는 순라꾼이라고 했어요. 순라꾼은 밤에 나쁜 일이 일어나지 않았는지, 혹 불이 나지 않았는지 살피러 다녔어요. 이런 일을 야경이라고 해요. 밤에 살피고 단속한다는 뜻이에요.

순라꾼은 야경을 돌면서 "번도!"라고 외쳤어요. 이 소리를 듣고 도둑이 나쁜 짓을 못 하도록 쫓아내기 위해서요.

이렇게 순라꾼이 외치던 '번도'라는 말이 변해서 '버티'가 되었다고 해요. 이 고개에 숨어 버티고 있던 도둑들이 순라꾼이 외치는 "번도!" 소리에 깜짝 놀라 도망을 갔겠지요. 그래서 이 고개가 '버티 고개'가 되었다고 해요.

두 번째는 서울의 삼각산에 있는 인수봉 이야기예요. '삼각산'은 북한산의 다른 이름이기도 해요.

이 삼각산 모양이 아이를 업고 있는 모양새인데, 아이가 도망가려 하니 막기 위해 서쪽에 떡전 고개(병시현)가 있었어요. 엄마가 맛있는 떡을 주며 아이를 달래서 못 나가게 하기 위해서였어요.

또한 남쪽에는 벌아령을 두었어요. 나가려는 아이를 벌을 주어서 못 나가게 막기 위해서였어요. 아이에게 벌을 주는 고개라는 뜻으로 '벌아령'이라고 했어요. 이 '벌아령'이 '버티 고개'가 되었다고 전해져요.

우리 조상들은 삼각산의 모양새에 떡도 주고 벌도 주었네요. 그 떡이나 벌은 모두 고개이고요. 옛날 우리 조상들은 재미있는 이야기 만들기 천재 같지요?

자, 버티 고개 넘어 다음 역으로 출발!

밤중에 버티 고개에 가서 앉아 있을 아저씨같이 생겼네.
개 도둑놈!
번도~
번도~
버티~
다다
멍멍아, 배고프지? 이거 먹어.
얼굴은 험하지만 마음씨는 따뜻하시네.

효창공원앞역 독립지사들이여, 고이 잠드소서

이번에 정차한 역은 효창공원앞역이에요.

지금의 효창 공원은 독립지사들을 모신 곳이에요. 원래는 '효창원'이었어요.

자, 여기서 또 무덤 이야기가 나옵니다. 능은 왕이나 왕비의 무덤이에요. 그럼 끝에 '원'이 붙으면 누구의 무덤이지요? 기억이 가물가물하다고요? 세자나 세자비, 혹은 후궁의 무덤이라고 했어요.

효창원은 조선 제22대 왕, 정조의 아들 문효 세자의 무덤이었어요. 우선 정조가 누구인지 복습 한번 하고 갈까요? 영조의 손자이자 사도 세자의 아들이에요. 수원 화성을 세운 왕이기도 하고요.

이 정조의 첫아들이 태어났어요. 정조는 첫아들을 태어난 지 얼마 되지 않아 세자로 책봉했어요. 그러나 안타깝게도 문효 세자는 다섯 살 때 홍역을 앓다가 죽었고, 이곳에 묻혔어요.

그 뒤 정조의 후궁이자 문효 세자를 낳은 의빈 성씨도 일찍 죽은 아들 곁에 묻혔어요. 순조의 후궁인 숙의 박씨와 딸 영온 옹주도 효창원에 무덤이 함께 있었어요.

그럼 문효 세자의 무덤이 어떻게 공원이 되었을까요? 일제는 한때 효창원을 군인들의 훈련장으로 쓰기도 했어요. 그러다 문효 세자의 무덤과 다른 왕족들의 무덤을 서삼릉으로 옮기고, 이곳을 아예 공원으로 만들어 버렸어요.

드디어 우리나라가 광복되었어요. 그러자 독립운동가였던 김구 선생님이 이봉창, 윤봉길, 백정기 등 독립지사의 유해를 이곳으로 모셔 왔어요. 유해란 돌아가신 분의 뼈를 말해요.

빼앗긴 나라를 되찾기 위해 독립운동을 하다 돌아가신 이분들은 자신이 목숨을 바쳐 지키려 했던 조국에 묻히지도 못하고 남의 나라에 잠들어 있었어요.

광복을 맞이해 나라를 되찾았으니, 독립지사들의 뼈라도 조국에 묻힐 수 있게 하려는 마음이었겠지요.

이분들은 어떤 분들이었을까요?

이봉창 지사는 일본 도쿄에서 우리나라를 집어삼킨 일본 왕을 향해 수류탄을 던졌어요. 하지만 뜻을 이루지 못하고 잡혀 감옥에서 돌아가셨어요.

윤봉길 지사는 김구 선생님을 찾아가 독립운동에 한 몸을 바치겠다고 했어요.

상해 훙커우 공원에 일제 장군들이 온다는 소식을 접한 윤봉길 지사는 폭탄을 숨겨 들어가 던졌어요. 일제 장군들이 죽고 크게 다치기도 했어요. 윤봉길 지사는 그 자리에서 잡혔고, 결국 사형 선고를 받았어요. 일본으로 끌려가 총살을 당해 순국하셨지요.

백정기 지사는 노동자 운동과 민중 훈련을 위해 애쓰셨어요. 그러다 상해에서 일제 대표들이 모인다는 소식을 듣고 습격하려다 잡혀 감옥에 갇히셨어요. 감옥에서 병이 깊어져 숨지셨어요.

모두 나라의 독립을 위해 하나뿐인 목숨을 기꺼이 바친 분들이에요. 이분들을 효창 공원으로 모셔 온 김구 선생님도 이곳에 함께 모셔졌어요. 안중근 열사의 가묘, 신흥 무관 학교를 세우고 임시 정부를 꾸린 이동녕 지사의 무덤도 이곳에 있어요.

자, 이 나라를 지켜 주신 독립지사들의 뜻을 기리며 다음 역으로 출발!

광흥창역 야호, 오늘은 녹봉 받는 날, 신난다

이번에 정차한 역은 광흥창역이에요.

이름 끝에 붙은 '창'은 창고를 말해요. 그럼 광흥창은 무엇을 넣어 두던 창고였을까요?

광흥창은 조선 시대에 벼슬하는 관리들에게 줄 녹봉을 관리하던 창고였어요. 녹봉이란 관리들이 일하고 받는 급여를 말해요.

혹시 이런 생각을 했나요? 관리들이 얼마나 급여를 많이 받았으면 창고에 돈을 쌓아 놓았다가 주었을까 하고 말이에요. 아니, 아니에요. 지금으로 치면 벼슬하는 관리들은 공무원이지요. 공무원은 세금으로 급여를 받아요.

옛날에는 세금을 쌀 같은 곡식으로 거두었어요. 그리고 녹봉도 곡식으로 주었어요. 광흥창에서 곡식과 옷감을 관리들에게 녹봉으로 주었어요.

녹봉을 주는 날이 되면, 광흥창 앞에는 녹봉을 직접 받으러 온 관리들, 벼슬아치들의 녹봉을 대신 받으러 온 하인들로 북적였다고 해요. 녹봉이 쌀이나 옷감이니 무거워서 벼슬아치들이 직접 받아 가지 못하고 힘센 하인들이 들고 가게 했대요.

녹봉은 벼슬의 높낮이와 하는 일의 정도에 따라서 다르게 주었어요.

조선 시대 벼슬의 높낮이를 '품계'라고 해요. 1단계에서 9단계까지 나뉘고, 한 단계가 '정'과 '종'으로 또 나뉘어요. 그렇게 열여덟 등급으로 구분되었어요.

가장 높은 품계는 정1품으로 영의정, 우의정, 좌의정 같은 벼슬들이에요. 그 다음이 종1품이에요. 그다음은 정2품, 종2품이고요. 이렇게 차례대로 내려가 마지막 정9품, 종9품까지 모두 열여덟 개의 품계가 있었어요.

정1품 정승들은 일 년에 녹봉으로 쌀 백 석과 옷감 서른두 필을 받았

다고 해요. 품계가 낮아질수록 받는 양도 점점 적어졌어요.

어른들이 일을 하고 받는 돈을 월급이라고도 하지만 '봉급'이라고도 해요. 이때 봉급의 '봉'은 바로 '녹봉'에서 나온 말이에요.

봉급날을 손꼽아 기다리는 어른들처럼 조선 시대 벼슬아치들도 녹봉 날을 목 빠지게 기다렸겠지요. 우리가 용돈 받는 날을 기다리듯이 말이에요.

자, 녹봉 창고를 뒤로하고 다음 역으로 출발!

망원역 세종 대왕의 형님, 한강을 바라보다

이번에 정차한 역은 망원역이에요. 이곳에 망원정이라는 정자가 있어서 붙여진 이름이에요.

'망원'은 한자 말로 '멀리(遠, 망) 바라보다(望, 원)'라는 뜻이에요. 우리가 멀리 보기 위해 쓰는 망원경하고 같은 말이지요. 그렇다고 망원정이 망원경 있는 정자라고 오해하지는 마세요. 망원정에는 망원경이 없어요.

'망원정'은 한강 가에 있어 탁 트인 풍경을 멀리 바라볼 수 있다고 해서 지어진 이름이에요. 망원정이 있는 이곳은 경치가 좋아 정자들이 많았다고 해요.

태종의 둘째 아들, 효령 대군도 경치 좋은 이곳에 정자를 지었어요.

효령 대군이 누구냐 하면, 세종 대왕의 바로 위 형님이에요. 세종 대왕의 부모님인 태종과 원경 왕후 사이에는 아들이 넷 있었어요. 왕비가 낳은 아들은 대군이라 부른다고 했지요. 양녕 대군, 효령 대군, 충녕 대군, 성녕 대군, 이렇게 네 명의 대군이었어요.

태종은 첫째 아들인 양녕 대군을 다음 왕이 될 세자로 삼았어요. 그런데 양녕 대군이 아버지 태종의 기대에 못 미치는 행동을 많이 했어요. 결국 양녕 대군은 세자 자리에서 물러나야 했어요.

그렇다면 순서대로 둘째 아들 효령 대군이 세자가 되었을까요? 효령 대군 스스로도 그렇게 생각했나 봐요. 그런데 아버지 태종의 마음이 총명한 셋째 충녕 대군에게 있다는 걸 눈치채고 실망했대요. 효령 대군은 아버지의 마음을 알게 된 그길로 절로 달려가 마구 북을 두드렸대요. 북이 찢어질 때까지 하염없이 쳤다는 이야기가 전해져요.

북을 실컷 쳐서 마음이 시원해졌을까요? 그 뒤로 효령 대군은 세자 자리에 대한 미련을 버리고 경치 좋은 한강 가에 정자를 짓고 지냈대요. 그 정자가 바로 망원정이에요.

아버지 태종은 왕의 자리를 놓고 형제들과 목숨까지 빼앗는 왕자의 난을 두 번이나 일으켰지요. 그러나 태종의 아들 효령 대군과 충녕 대군은 그런 싸움을 벌이지 않았어요.

결국 총명한 충녕 대군이 세자가 되었고, 태종의 뒤를 이어 왕이 되었어요. 바로 우리에게 한글을 만들어 주신 세종 대왕이에요.

어느 해인가 유난히 가뭄이 심하던 때에 형님이 세운 망원정에 세종 대왕이 행차했어요.

세종은 가뭄 때문에 힘든 백성을 걱정해 열흘이나 쉬지 못하고 밤을 지새웠을 정도로 근심이 가득했어요. 그런데 세종이 이곳에 오자, 때마침 비가 쏟아졌어요. 많은 비가 내리자, 세종은 정말 기뻐했어요.

그래서 정자의 이름을 기쁜 비라는 뜻으로 '기쁠 희(喜), 비 우(雨)'를 써 '희우정'이라 부르라고 했어요.

그렇게 '희우정'으로 불리다가, 훗날 성종 때 월산 대군이 정자 이름을 '망원정'으로 바꿨어요. 그래서 지금은 '망원정'이 되었어요.

자, 6호선 역사 여행은 여기까지 하고, 다음은 7호선으로 환승합니다!

역수역의 정보 플러스

화랑도의 정신, **세속 오계**

'세속 오계'란 신라 화랑이 지켜야 할 다섯 계율이다.
세속 오계는 신라 승려 원광이 지었다.
사군이충, 충성으로 임금과 나라를 섬긴다.
사친이효, 효도로 어버이를 섬긴다.
교우이신, 믿음으로 벗을 사귄다.
임전무퇴, 싸움에 나가서는 물러남이 없다.
살생유택, 산 것을 함부로 죽이지 않는다.
세속 오계에는 공동체 의식, 서로에 대한 의리 정신,
숭고한 희생정신, 선한 인간이 되는 정신이 담겨 있다.
화랑도 정신은 그 뒤로도 우리 민족의 정신이 되었다.
고려의 항몽 정신, 조선의 의리 사상, 한말의 의병 정신,
그리고 일제 강점기의 독립 정신으로 이어졌다.

연산군을 몰아낸, **중종반정**

태릉에 잠든 문정 왕후의 남편 중종은 반정으로 왕이 되었다.
포악한 정치를 하던 연산군을 몰아낸 사건이 '중종반정'이다.
'반정'은 되돌린다는 '반(反)', 바르다는 '정(正)', 즉 바르게 되돌린다는 뜻이다.
옳지 못한 임금을 왕의 자리에서 내려오게 하고 새 임금을 세우는 것이다.
연산군은 무오사화, 갑자사화로 많은 선비를 죽게 했다.
왕이 신하들과 공부하는 경연도 없애 버렸다.
왕이 잘못한 점을 고치도록 말하는 사간원도 없애 버렸다.
지나치게 자주 연회를 열고 술에 빠졌고, 여인을 탐했다.
신하들이 군사를 일으켜 연산군을 몰아내고 진성 대군을 왕으로 받들었다.
진성 대군이 바로 중종이다.

치마 바위 **전설**

왕이 되기 전 진성 대군에게는 아내가 있었다.
중종반정 뒤에 진성 대군은 왕이 되고, 아내도 왕비가 되었다.
신하들은 왕비의 아버지가 반정에 참여하지 않았다는 이유로
왕비를 강제로 물러나게 했다.
왕비는 인왕산 아래 옛날 살던 곳으로 쫓겨났다.
중종은 아내를 잊지 못해 경회루에서 인왕산 기슭을 바라보았다.
이 말을 전해 듣고 아내는 자신의 붉은 치마를
경회루에서 보이는 바위에 걸쳐 놓게 했다.
자신의 마음을 전하기 위해서였다.
끝끝내 아내는 다시 궁으로 들어가지 못했다.
결국 새 왕비가 뽑혔고, 이 왕비가 인종을 낳다 죽자
또 새로 왕비가 들어왔다. 그 왕비가 문정 왕후다.

조선 관리들 출퇴근 시간, **묘유법**

광흥창에서 녹봉을 받던 조선 관리들은 관청으로 출퇴근했다.
관리들의 출퇴근 시간은 무척 엄격했다.
오전 5시에서 7시를 일컫는 묘시에 출근하고,
오후 5시에서 7시 사이인 유시에 퇴근했다.
조선의 근본법 『경국대전』에 법으로 정해 두었다.
이것을 묘시에 출근, 유시에 퇴근이어서 '묘유법'이라고 했다.
지각을 하거나 일찍 퇴근한 관리는 엄한 벌을 받았다.
곤장 오십 대를 맞는 태형에 처했다.
다만 해가 짧은 겨울에는 진시(오전 7~9시) 출근,
신시(오후 3~5시) 퇴근으로 바뀌었다.

우리 동네 역의 역사

6호선 지하철역 이름에는 그 이름이 붙여진 이야기들이 담겨 있어요. 우리 동네 역 이름에는 어떤 이야기가 숨어 있을까요?

신내역

옛날 이곳에 있던 신현리의 '신' 자와 내동리의 '내' 자를 합쳤다.

석계역

석관동의 '석' 자와 월계동의 '계' 자를 합쳐 '석계'로 불렸다. 돌곶이를 한자로 옮기면서 '석관동'이 되었다.

돌곶이역

이곳에 있는 천장산에 검은 돌이 수수팥떡이나 경단을 꽂이(꼬챙이)에 꽂은 것처럼 박혀 있어서 붙여졌다.

월곡역

근처 산 모양이 반달 같아 '달 월(月)' 자를 써 '월곡'이라 했다고 한다. 조선 후기, 소 장수들이 이곳 근처 도살장에 도착해, 달 아래서 소를 파는 흥정을 했다고 '달골'이라 했다고도 한다. 한자로 옮겨 '월곡'이 되었다.

안암역

스무 명이 앉아 쉴 수 있을 정도로 큰 바위가 마을에 있었다. 그 바위를 '앉일바위'라고 불렀다. 한자로 옮기면서 '편안할 안(安), 바위 암(岩)'이 되었다고 한다.

구산역

이곳의 산이 거북이 모양을 하고 있어서 '거북 구(龜), 뫼 산(山)' 자를 쓴다. 또 가까이 인조의 별장터가 있는데, 그곳에 비석(인조 별서 유기비)이 거북 받침 돌 위에 세워져 있어서 붙여졌다고도 한다.

독바위역

가까이에 있는 바위 모양이 질그릇 '독'같이 생겨서 붙여졌다. '옹암'이라고도 했다. 인조반정 때 이 바위에 모여 반정을 의논했다고도 전해진다.

불광역

이곳에 불광사라는 절이 있어 동네 이름이 '불광동'이 되었다.

역촌역

조선 시대 사신이 오다가 말을 바꿔 타던 연서역이 있어 '마방촌, 역말' 또는 '역촌'이라 불렀다.

응암역

마을 뒷산 기슭에 매가 앉은 모습의 바위가 있어 '매바위골'이라고 불렀다. 한자로 옮기면서 '매 응(鷹), 바위 암(岩)'을 썼다. 혹은 옛날 왕이 사냥터로 삼은 큰 바위가 있었다 해서 붙여졌다고도 한다.

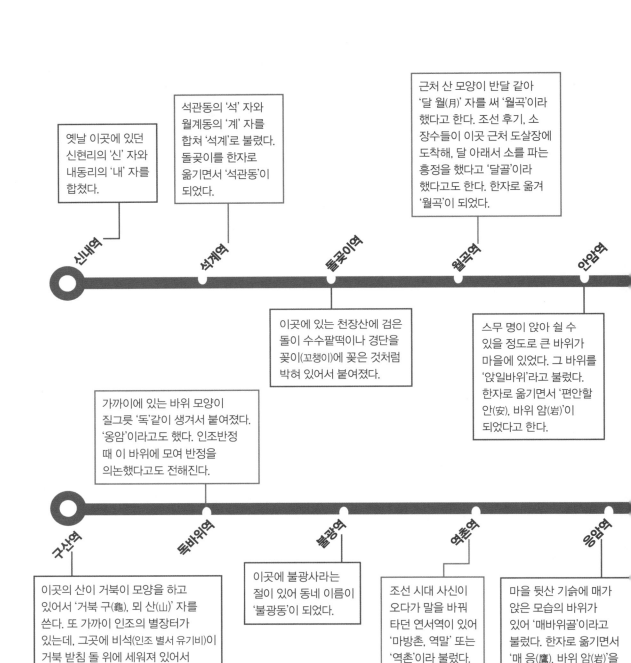

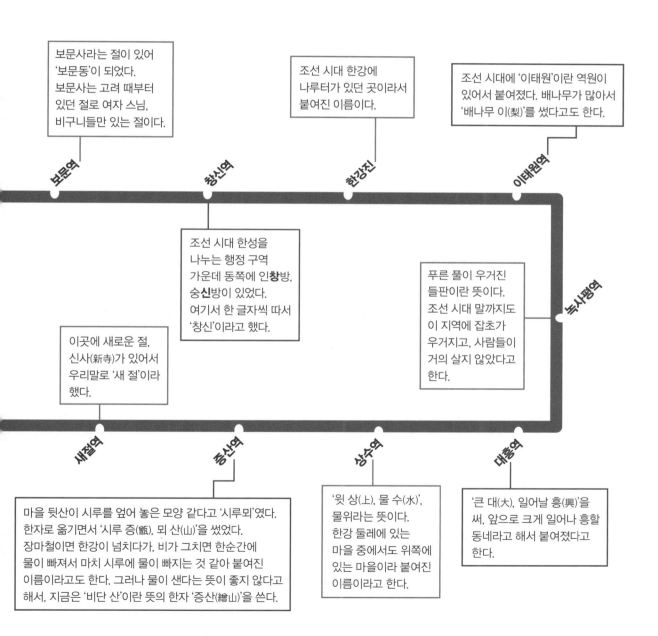

보문역

보문사라는 절이 있어 '보문동'이 되었다. 보문사는 고려 때부터 있던 절로 여자 스님, 비구니들만 있는 절이다.

창신역

조선 시대 한성을 나누는 행정 구역 가운데 동쪽에 인**창**방, 숭**신**방이 있었다. 여기서 한 글자씩 따서 '창신'이라고 했다.

한강진

조선 시대 한강에 나루터가 있던 곳이라서 붙여진 이름이다.

이태원역

조선 시대에 '이태원'이란 역원이 있어서 붙여졌다. 배나무가 많아서 '배나무 이(梨)'를 썼다고도 한다.

녹사평역

푸른 풀이 우거진 들판이란 뜻이다. 조선 시대 말까지도 이 지역에 잡초가 우거지고, 사람들이 거의 살지 않았다고 한다.

대흥역

'큰 대(大), 일어날 흥(興)'을 써, 앞으로 크게 일어나 흥할 동네라고 해서 붙여졌다고 한다.

상수역

'윗 상(上), 물 수(水)', 물위라는 뜻이다. 한강 둘레에 있는 마을 중에서도 위쪽에 있는 마을이라 붙여진 이름이라고 한다.

증산역

마을 뒷산이 시루를 엎어 놓은 모양 같다고 '시루뫼'였다. 한자로 옮기면서 '시루 증(甑), 뫼 산(山)'을 썼었다. 장마철이면 한강이 넘치다가, 비가 그치면 한순간에 물이 빠져서 마치 시루에 물이 빠지는 것 같아 붙여진 이름이라고도 한다. 그러나 물이 샌다는 뜻이 좋지 않다고 해서, 지금은 '비단 산'이란 뜻의 한자 '증산(繒山)'을 쓴다.

새절역

이곳에 새로운 절, 신사(新寺)가 있어서 우리말로 '새 절'이라 했다.

7호선

장암 · **도봉산** · 수락산 · 마들 · **노원** · 중계 · 하계 · 공릉 · **태릉입구** · 먹골 · 중화 · **상봉** · 면목

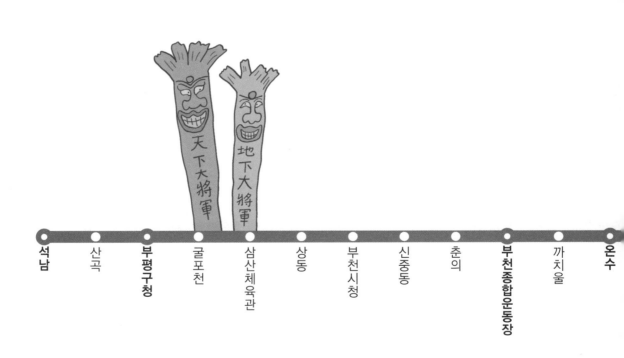

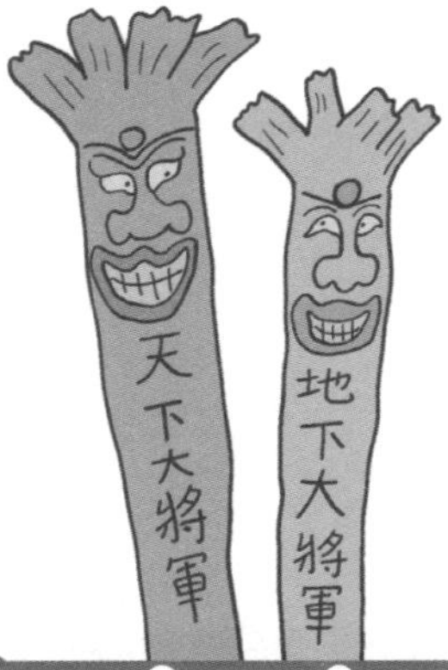

석남 · 산곡 · **부평구청** · 굴포천 · 삼산체육관 · 상동 · 부천시청 · 신중동 · 춘의 · **부천종합운동장** · 까치울 · **온수**

지하철 7호선은 의정부 방향에서 출발해 서울의 동북쪽, 강남을 거쳐 인천광역시까지 이어지는 노선이에요. 1996년 장암역에서 건대입구역 구간을 처음 달렸어요. 지금은 오십 개가 넘는 역을 지하철 7호선이 통과하고 있어요. 자, 그럼 7호선 지하철 역사 여행 출발합니다!

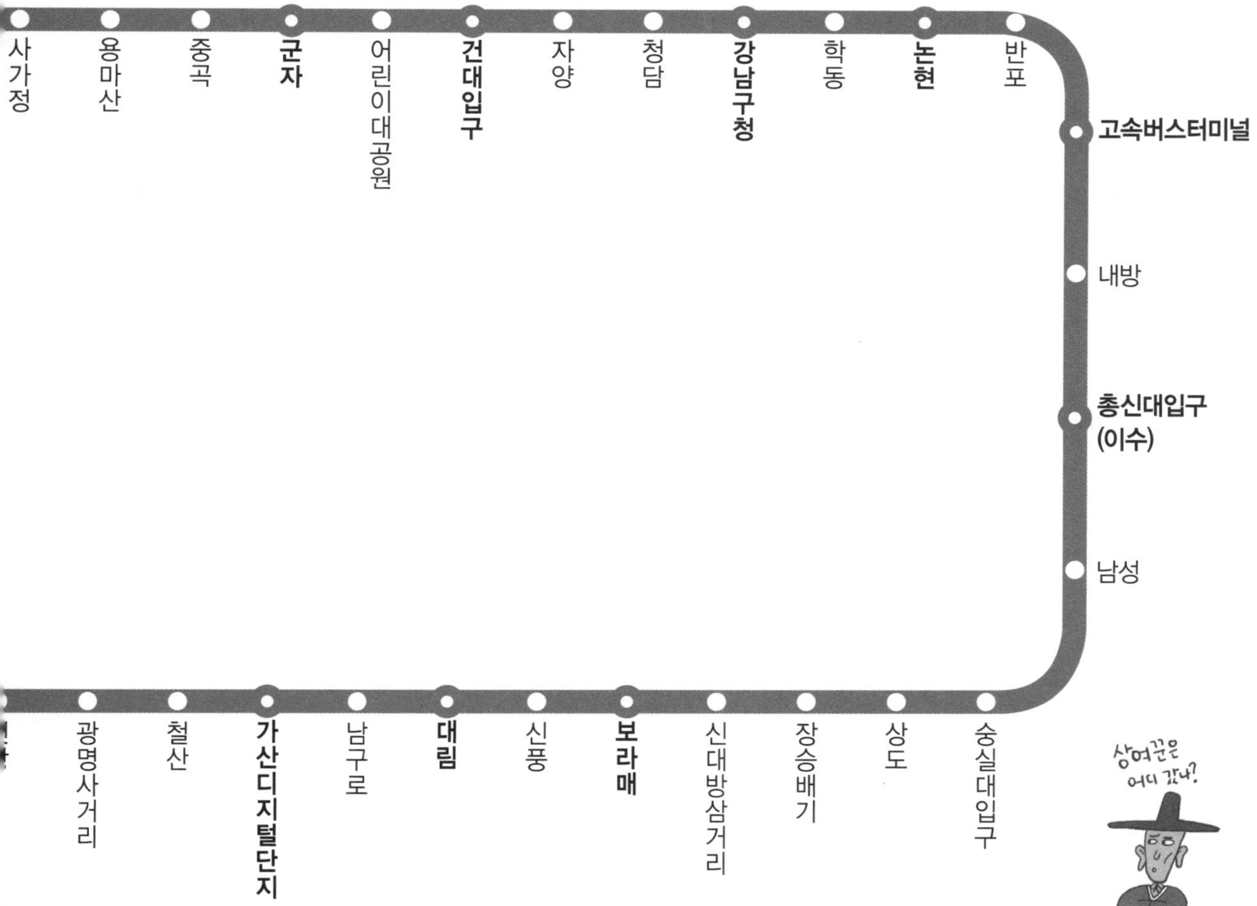

사가정역 멋진 시를 짓던 서거정 동네

이번에 정차한 역은 사가정역이에요.

사가정은 조선 시대 학자인 서거정이 살던 곳이에요. 서거정의 호 '사가정'에서 따와 길 이름을 '사가정길'이라고 했어요. '사가정길'에서 지하철역의 이름이 붙여졌어요.

이름이나 호, 시호가 길 이름에 붙여진 인물들 기억하나요? 고구려 장군 을지문덕의 이름에서 붙여진 '을지로', 순국지사 민영환의 시호인 '충정'에서 붙여진 '충정로', 임진왜란 때 왜군을 물리친 이순신의 시호인 '충무'에서 붙여진 길 이름이 '충무로'이지요. 세조 때 권력자 한명회의 호인 '압구정'에서 붙여진 '압구정로'도 있어요. 또한 길 이름을 따라 지하철역도 을지로입구역, 충정로역, 충무로역, 압구정역으로 이름 붙여졌어요.

그럼 서거정은 어떤 사람이어서 그의 호가 도로 이름이 되었을까요?

서거정은 세종 대왕 때 과거에 급제해 벼슬길에 올랐어요. 그때부터 성종 때까지 여섯 왕을 모시고 나랏일을 했어요. 세종, 문종, 단종, 세조, 예종, 그리고 성종을 왕으로 모셨어요. 그렇다면 서거정이 백 살 넘게 살았을까요? 그렇지는 않아요. 문종이나 예종은 일찍 죽었고, 단종은 짧게 왕의 자리에 있었어요. 그래도 서거정이 벼슬을 한 시간은 무려 사십오 년이나 돼요.

그럼 여섯 번이나 왕이 바뀌고 사십오 년 동안 벼슬을 하면서 서거정은 어떤 일들을 했을까요?

세종이 학문 연구와 인재를 키우기 위해 만든 곳이 있었죠? 네, 집현전이에요. 서거정은 집현전의 박사였어요.

또한 『경국대전』을 만드는 데도 참여했어요. 『경국대전』은 조선의 기본법이에요. 나라를 다스리는 것에서 일상생활까지 조선의 기준을 담은 법이에요. 세조 때부터 만들기 시작해 여러 학자들이 공들여 만들어 성종 때 반포했어요.

서거정은 글씨도 잘 썼고 글도 무척 잘 썼어요. 특히 시를 잘 지어 세조도 감탄했대요. 중국 사신이 조선에 왔을 때는 사신과 시로 묻고 답을 했는데, 모두 서거정의 재주에 놀랐다고 해요.

서거정은 조선에서 가장 중요하게 생각했던 성리학에 관한 공부가 깊었어요. 그뿐 아니라 천문, 지리, 역사, 의학에도 척척박사였다고 해요. 조선 초의 역사책 『동국통감』, 지리책 『동국여지승람』을 만드는 데도 참여했어요. 서거정은 조선 초기의 대표 학자였어요.

자, 서거정역이 아니라 사가정역을 지나 다음 역으로 출발!

상도역 마지막 길을 안내하는 상여꾼 마을

이번에 정차한 역은 상도역이에요. 상도동에 있어서 '상도'역이에요.

옛날 이곳에 상여꾼들이 마을을 이루고 모여 살아서 '상투굴'이라고 불리다가 '상도동'이 되었어요.

상도역 이야기를 하려면 죽음에 관한 이야기를 해야겠네요. 상도동 이야기를 하는데, 왜 죽음 이야기를 하냐고요? 상여꾼은 죽음과 관련된 일을 하는 사람들이기 때문이에요.

요즘은 죽은 이의 관을 자동차로 모셔 가요. 그럼 자동차가 없던 옛날에는 어떻게 했을까요? 여러 사람이 힘을 모아 들고 한 발 한 발 걸어서 무덤 자리까지 옮겼어요. 그 일을 하는 사람이 '상여꾼'이에요. '상두꾼'이라고도 불렀지요.

죽은 이의 관을 그대로 들고 갈 수는 없으니 가마같이 생긴 긴 '상여'라는 것에 실어 메고 갔어요. 그래서 상여를 메고 가는 사람들이라고 상여꾼이라고 했지요. 상여에 일정한 간격으로 멜 방망이를 끼우고, 그 사이에 사람이 들어가 끈을 어깨에 메고 상여를 들고 갔어요.

관도 무겁고 상여도 무거워 여러 사람이 들어야 했어요. 보통 열셋에서 스물다섯 명의 상여꾼이 동원되었어요. 죽은 왕을 모시는 상여는 워낙 커서 상여꾼이 서른에서 많을 때는 육십 명이 넘기도 했대요.

상여를 옮긴 상여꾼들은 관을 땅에 묻고, 무덤을 만드는 일까지 했어요. 죽은 사람을 마지막까지 배웅해 주는 역할을 했어요.

조선 시대에는 유교를 중요하게 여겼고, 유교는 사람이 죽었을 때 지켜야 할 예법인 '상례'를 철저히 지켰어요. 사람이 죽는 순간부터 장례를 치르고 무덤에 묻히는 예의와 절차들이 정해져 있었어요.

그렇다면 그보다 더 옛날 사람들은 죽은 사람들과 어떻게 이별을 했을까요?

우리 땅에서 발견된 무덤과 그 속의 유물과 유적들을 살펴보면 그 모습을 짐작해 볼 수 있어요.

흥수굴이라는 동굴에서 발견된 아이의 뼈를 보면 구석기 시대의 장례가 어떠했는지를 알 수 있어요. '흥수아이'라고 이름 붙여진 뼈는 돌을 깔고, 그 위에 고운 흙을 뿌린 바닥 위에 똑바로 누워 있었어요. 그 위에 국화꽃까지 뿌려졌고, 맨 위는 넓은 돌로 덮혀 있었어요. 이 모습에서 구석기 시대 사람들도 죽음을 슬퍼하고, 엄숙하게 장례를 치렀다는 사실을 알 수 있어요.

시간이 흘러, 고대의 사람들은 죽어서도 살았을 때의 삶이 이어진다고 여겼어요. 그래서 무덤에 여러 가지 물건들을 넣었어요. 이것을 '부장품'이라고 해요.

심지어 사람까지 함께 묻었어요. 왕이나 귀족들이 죽으면 신하나 종들을 함께 묻었어요. '순장'이라고 해요. 부여에서는 무려 백여 명을 순장하기도 했어요.

그러다가 신라는 지증왕 때 순장을 금지했어요. 가야는 가장 늦게까지 순장의 풍습이 남아 있었어요.

고려 때는 죽은 이를 땅에 묻기도 했지만, 불교를 나라의 종교로 삼으면서 화장을 하기도 했어요. 그러다 유교가 들어오면서는 점차 유교 절차를 따르게 되었어요. 유교식 상례는 조선으로 이어졌고요.

이렇게 아주 먼 옛날부터 어떤 시대이던 어떤 방식이던 죽은 사람을 정중하게 모시는 마음만은 똑같았어요.

자, 죽은 이를 마지막까지 배웅하는 상여꾼들의 수고를 생각하며 다음 역으로 출발!

상여꾼은
어디 갔나?
저승
사자

장승배기역 수호신 장승이 지켜 주니 든든해

이번에 정차한 역은 장승배기역이에요.

뭔가 장승과 관계가 있어 보이지요? 네, 맞아요. 이 역 출구 앞에는 지금도 장승이 서 있어요.

그런데 '장승'은 뭘까요? 장승은 기둥 같은 돌이나 나무에 사람의 얼굴을 새겨 세운 것을 말해요.

옛날에는 장승이 마을 입구나 길가에 서 있었어요. 장승은 마을을 지키는 수호신으로 여겨졌고, 길을 알리는 이정표 역할도 했어요. 보통 남녀 한쌍으로, 남자 장승에는 '천하대장군', 여자 장승에는 '지하여장군'이라고 써 있어요.

이곳 장승배기에 서 있는 장승에는 조선의 정조 임금 이야기가 담겨 있어요.

정조의 아버지 사도 세자는 임금이 되지 못하고 세자로 죽었어요. 그것도 좁은 뒤주에 갇혀 죽었어요.

정조가 왕이 되고, 슬프게 죽은 아버지의 무덤을 지금의 수원에 있는 화성으로 옮겼어요. 그곳이 현륭원이에요. 그러고는 자주 아버지의 무덤을 찾아 한양에서 수원까지 행차했어요.

처음에는 남태령 쪽으로 다녔어요. 그런데 그쪽 길이 험하다는 이유로 이곳을 통해서 가게 되었다고 해요.

어느 날 정조 행렬이 수원 화성으로 행차하다가 이곳 고개에서 잠시 쉬었어요.

숲이 우거진 이 고개가 무척 조용해 정조는 쓸쓸한 느낌이 들었나 봐요. 너무 적적하니 장승을 세우라고 했대요. 그래서 이 고개에 장승이 세워졌어요. 그 뒤로 이곳을 장승이 서 있는

天下大將軍
地下大將軍
우리가 여기 서 있어서 이제 안 쓸쓸하지?

고개라고 '장승배기'라고 부르게 되었어요.

정조는 여러 차례 수원을 오갔는데, 그 가운데 가장 화려하고 큰 행차는 어머니와 함께 화성에 갔을 때예요.
정조가 특별히 대단한 행차를 한 이유는 돌아가신 아버지 사도 세자가 태어난 지 육십 년 된 해이고, 어머니 혜경궁 홍씨의 환갑잔치를 화성에서 열기 위해서였어요. 나랏일도 잘하고 문화도 발전시킨 정조가 효심까지 지극했어요.

화성 행궁에서 팔 일 동안이나 다양한 행사를 열고 잔치를 벌였어요.
이 행차의 기록은 글과 그림으로 자세히 남겨져 있어요. 그 기록을 '원행을묘정리의궤'라고 해요.
'원행'이란 왕이 산소에 가는 일을 말하고, '을묘'는 을묘년에 다녀온 기록이란 뜻이에요. '의궤'란 조선 시대에 왕실이나 나라의 큰 행사가 있을 때 모든 것을 그림과 글로 기록한 책을 말해요.
사진이 없던 때에 이런 기록 그림은 그때 모습을 생생하게 느낄 수 있게 해 줘요. 특히 알록달록 컬러 그림이 조선 시대의 모습을 그대로 전해요.

정조는 이 행사를 의궤로 꼼꼼히 기록하게 했을 뿐 아니라, 행차와 잔치 모습을 여덟 폭 병풍으로도 만들었어요. 이것을 '화성행행도 병풍'이라고 해요.
이 병풍 그림에는 춤추고 노래하는 잔치 장면, 정조가 활을 쏘고 어머니 혜경궁 홍씨와 불꽃놀이를 하는 장면이 있어요. 또한 왕실만의 잔치로 그치지 않고 나이 많은 노인들을 초대해 함께 즐기는 모습, 장면마다 구경하는 여러 사람들까지 꼼꼼하게 그려져 있어요.

이런 의궤와 그림 덕분에 조선 시대 왕실의 행사를 어떻게 했는지 자세히 알 수 있어요. 후손인 우리들에게는 더없이 귀중한 자료예요.

자, 7호선 역사 여행은 여기까지 하고, 8호선으로 갈아탑니다!

역수역의 정보 플러스

조선의 기본 법전, **경국대전**

서거정이 참여한 『경국대전』은 조선의 기본 법전이다.
이전에 있던 법전들을 바탕으로 성종 때 완성해 반포했다.
조선은 법을 바탕으로 다스리는 나라라는 점을 분명히 밝혔다.
경국대전은 이전, 호전, 예전, 병전, 형전, 공전,
여섯 개 법전으로 구성되었다.
조선의 경제, 사회, 문화에 관한 내용을 담은 종합 법전이다.
『경국대전』에는 나라를 다스리는 법뿐 아니라
백성들의 생활에 관한 내용도 있다.

현명한 학자들이 모인, **집현전**

조선 세종 대왕은 학문 연구와 인재를 키우기 위해 집현전을 만들었다.
'집현전'의 뜻이 현명한 학자들이 모인 집이다.
집현전 학자들은 학문을 연구하고, 책을 모으고 보관하는 일도 했다.
임금이 궁금해하는 것들을 알려 주는 역할도 했다.
성삼문, 신숙주, 박팽년 같은 조선 초기에 활약한 학자들을 길러 냈다.
세종 대왕은 훈민정음을 만들고, 집현전 학자들에게 이를 해설하는
『훈민정음해례본』을 쓰게 했다.
또한 농사에 관한 책 『농사직설』과 의학책, 역사책, 지리책들도 썼다.
세조 때 없어졌으나 성종 때 홍문관으로 그 기능이 이어졌다.

조선의 백성이 지켜야 할 예법, **관혼상제**

조선에는 꼭 지켜야 할 유교 의식이 있었다.
관례, 혼례, 상례, 제례다. 이를 아울러 관혼상제라고 한다.
모두 정해진 순서와 예법에 따라야 했다.
관례는 열다섯 살이 넘으면 어른이 되는 의식이다.
이때 비로소 어른 대접을 받는다.
혼례는 결혼을 말한다. 역시 정해진 예법이 있었다.
혼례는 신랑 가족과 신부 가족이 하나가 된다는 뜻이 강했다.
상례는 사람이 죽었을 때 장례를 치르는 예법이다.
역시 정해진 순서와 방법을 철저히 따랐다.
제례는 조상을 모시는 제사를 뜻한다.
조상을 잘 섬기는 정신을 바탕으로 예법이 정해져 있었다.

조선 의궤를 빼앗기다, **병인양요**

병인양요는 프랑스 함대가 조선의 강화도를 공격한 사건이다.
천주교를 탄압한 병인박해 때, 프랑스 신부가 처형되었다.
프랑스는 이 사건에 대한 보복을 빌미로 조선을 쳐들어왔다.
병인년(1866년)에 서**양** 프랑스가 침략(**擾**, **요**)해서 '병인양요'다.
한때 강화도를 빼앗겼으나, 양헌수 장군과 조선군이 정족산성에서
프랑스 군대를 물리쳤다.
프랑스 군대는 강화도에서 물러났다.
병인양요 때 프랑스군은 외규장각에 있던 조선 왕조 의궤를 빼앗아 갔다.
이 의궤는 백사십여 년이 넘어서야 우리나라로 돌아왔다.
조선 왕실의 큰 행사를 그림으로 꼼꼼하게 기록한
'조선 왕조 의궤'는 유네스코 세계 기록 유산이다.

우리 동네 역의 역사

7호선 지하철역 이름에는 그 이름이 붙여진 이야기들이 담겨 있어요. 우리 동네 역 이름에는 어떤 이야기가 숨어 있을까요?

장암역

옛날 마을 **장**자리와 조**암**리가 합쳐지면서 한 글자씩 따왔다고 한다.

수락산역

'물 수(水), 떨어질 낙(落)' 자로, 물이 떨어지는 산이라는 뜻이다. 거대한 화강암 벽에서 물이 떨어지는 모습에서 지어졌다고 전해진다.

마들역

옛날에 역참이 있었다. 역참의 말을 들에 놓아기르던 곳이라 붙여졌다고 한다. 혹은 삼밭이 있어서 '삼 마(麻)' 자를 썼다고도 전해진다.

중계역

중랑천의 가운데 있어서 '가운데 중(中), 시내 계(溪)' 자가 붙었다고 한다.

하계역

중랑천 아래라 '아래 하(下), 시내 계(溪)'를 붙였다고 한다.

공릉역

옛 마을 이름 '공덕리'에서 '공', '태릉'에서 '릉'을 가져왔다고 한다.

먹골역

옛날에 먹을 만들던 마을이라서 붙여졌다고 한다. 먹은 벼루에 물을 붓고 갈면 검은 물이 된다. 그 물로 붓글씨를 쓰거나 그림 그릴 때 쓴다. 혹은 먹을 마을 이름으로 해야 학문이 뛰어난 인재가 나온다고 해서 붙여졌다고도 전해진다.

석남역

석곶의 남쪽에 있다고 해서 붙여진 이름이다. 이 곳에 있던 마을은 '석곶리'라 했다.

굴포천역

'굴포천'은 흙을 파서 만든 개울이란 뜻이다. 조선 시대 강화도로 오던 배가 물살이 센 손돌목에서 뒤집히는 일이 많았다. 이를 피하도록 굴포천을 만들었다고 전해진다.

신중동역

중동역과 구분하기 위해 '신중동' 역이 되었다. 중동은 가운데 있는 마을이라 '간데미, 간담말'이라고 부르다가 한자로 옮기며 '중리'가 되었다.

춘의역

춘의산이 있어 '춘의동'이라고 했다. 봄을 생각하는 동네, 혹은 봄과 같이 따뜻한 동네여서 '춘의'라고 했다는 이야기도 있다.

까치울역

이 동네 이름인 '작동'의 '작(鵲)' 자가 까치를 뜻해서 우리말로 '까치울'이라고 했다.

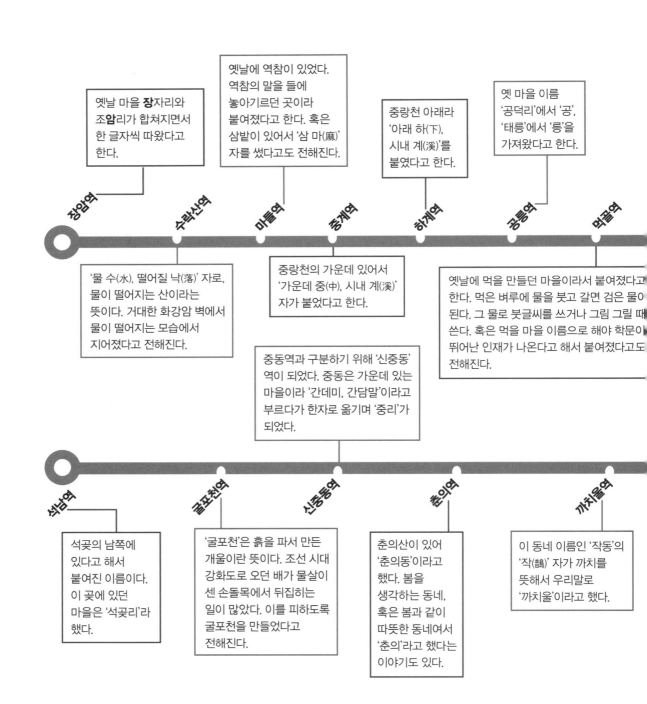

중화역

옛날 이곳에 '가운데 마을'과 '아랫마을'이 있었다. 한자로 옮기면서 '가운데 중(中), 아래 하(下)', '중하리'라고 했다, 발음이 변해 '중화리'가 되었다.

상봉역

마을 옛 이름 '상리'와 '봉황리'에서 첫 글자를 따서 지었다고 한다.

면목역

조선 시대에 이곳이 넓은 들판이어서 말을 먹여 기르던 목마장이 있었다. 특히 이곳은 목마장을 드나드는 입구라서 목마장의 얼굴이라고 '얼굴 면(面)' 자를 붙였다고 한다.

용마산역

용마는 용의 머리에 몸은 말인, 전설에 나오는 신비한 짐승이다. 이곳에서 용마가 나와서 '용마봉'이라 했다고 한다. 조선 시대에 이 산 아래 말 목장이 많았는데, 용마가 태어나기를 바라서 '용마산'이라 했다고도 한다.

중곡역

능동과 면목동의 중간에 있어 가운데 말, '간뎃말'이었다. 한자로 옮겨 '중곡리'라고 했다. 고려, 조선 때 궁중의 말을 관리하던 사복시 목장이 이곳에 있었다. 사복시의 가운데 마을이라고 붙여진 이름이라고도 한다.

청담역

주변 한강 물이 맑아서 '맑을 청(淸)' 자를 써 '청숫골'이라고 하다가 '청담'이 되었다고 한다.

학동역

마을 모양이 학처럼 생겼다 해서 '학실, 학곡'이라고 하다가 '학동'이 되었다.

남성역

옛날 이곳의 이름이 '남성동'이었다. 성터 남쪽에 있던 마을이라서 '남성동'이었다고 한다.

철산역

뒷산이 소의 머리를 닮았다고 해서 쇠머리 마을이란 뜻으로 '소 우(牛), 머리 두(頭)', '우두리'라 불렸다. 소를 말하는 '쇠'와 철을 말하는 '쇠'가 소리가 같아 '철산'이 되었다.

보라매역

보라매 공원이 가까이 있어 붙여졌다. 보라매 공원은 공군 사관 학교가 있던 곳이다. 공군 사관 학교가 옮겨 가고 공원이 되었다. 보라매는 옛날에 사람들이 길들여 사냥을 했던 매로, 공군 사관 학교의 상징이다.

반포역

이 마을에 흐르던 개울이 감기듯이 서리서리 굽이쳐 흐른다고 해서 '서릿개'라 불렸다. 한자로 옮기면서 '서릴 반(蟠)'을 쓰다가 뒤에 한자가 바뀌었다고 한다.

논현역

논밭 사이에 논 고개가 있었다고 한다. 한자로 옮기면서 지금의 이름이 되었다고 한다.

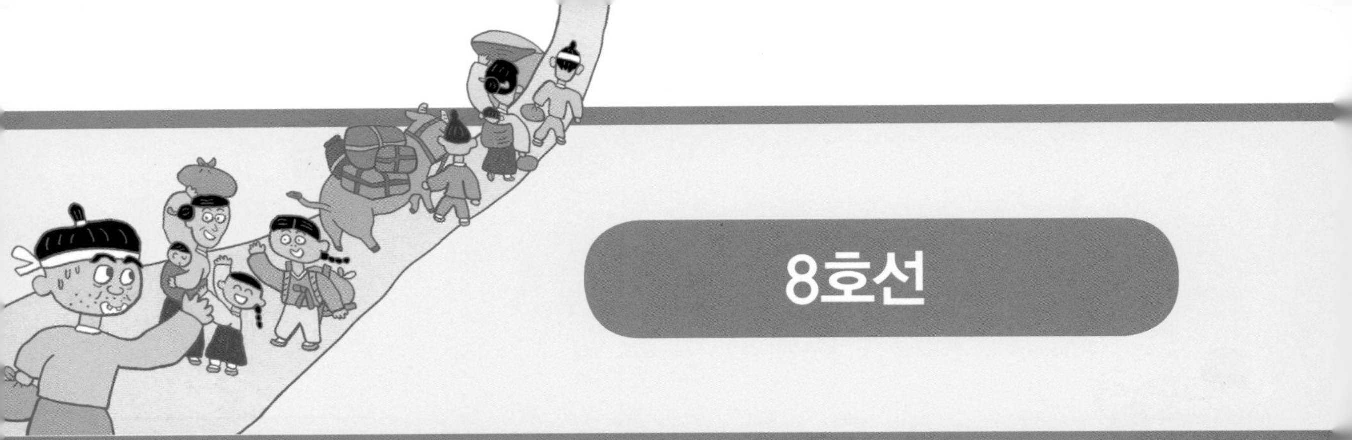

8호선

별내 – 다산 – 동구릉 – **구리** – 장자호수공원 – 암사역사공원 – 암사 – **천호** – 강동구청 – 몽촌토성 – **잠실** – **석촌**

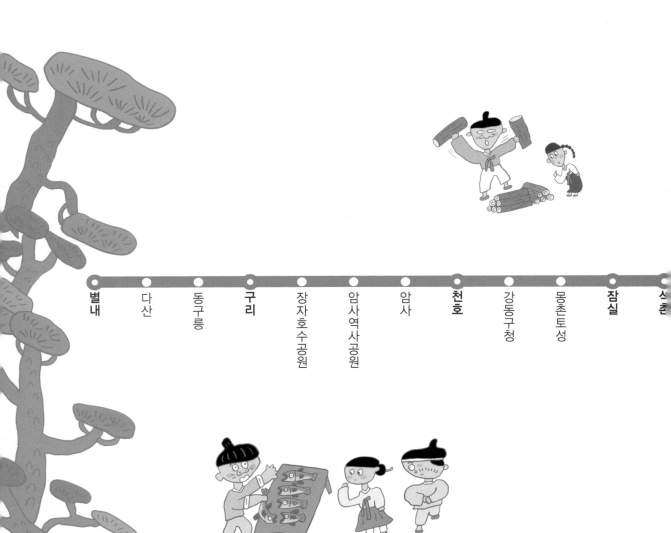

서울 지하철 8호선은 서울 동남 지역과 남양주시, 성남시를 연결해요. 1996년 잠실역에서 모란역까지 구간을 처음 개통했어요. 지금은 스무 개가 넘는 역을 지하철이 달려요. 서울 지하철 가운데 가장 짧은 노선이에요.
자, 그럼 8호선 지하철 역사 여행 출발합니다!

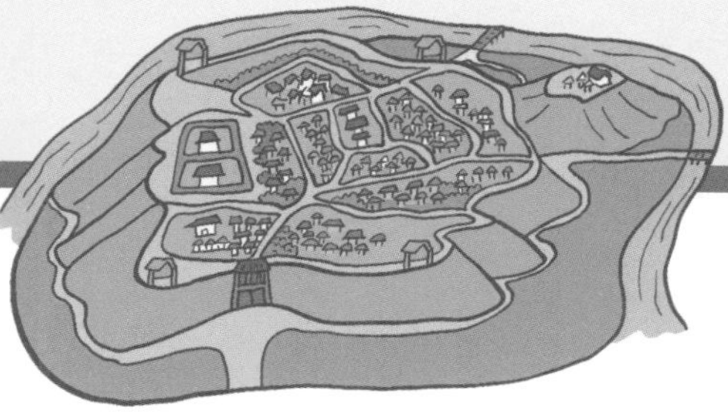

송파 – **가락시장** – 문정 – 장지 – **복정** – 남위례 – 산성 – 남한산성입구 – 단대오거리 – 신흥 – 수진 – **모란**

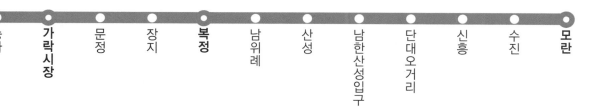

몽촌토성역 백제 온조, 한강 가에 나라를 세우다

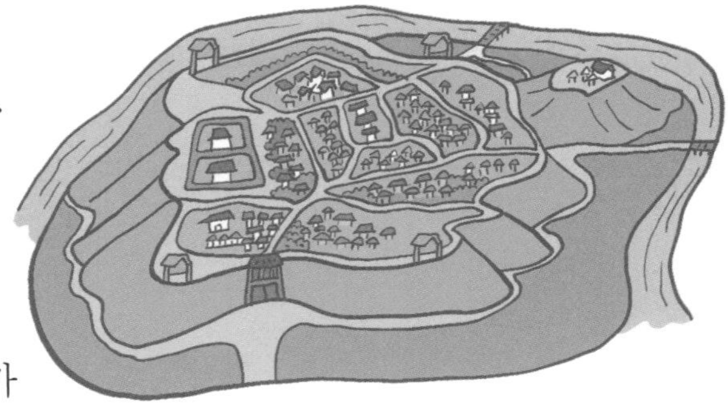

이번에 정차한 역은 몽촌토성역이에요.

역 이름에서 벌써 역사의 향기가 솔솔 나지요.

'몽촌'이란 이름은 고구려, 백제, 신라가 나라의 모습을 갖추기 전까지 거슬러 올라가요. 그때 이곳을 '검마을, 곰말'이라고 했어요.

우리말의 '검'은 신성한 곳을 뜻했어요. '임금'이란 말이 '임검'에서 나온 것과 통하지요.

'검마을'의 '검'이 '곰'으로 변해 '곰말'이라고도 했어요. '곰'은 옛날 말로 큰 것, 으뜸을 뜻해서 큰 마을, 으뜸 마을이라는 뜻도 담겨 있어요.

'검'이 '곰'으로 변하고, '곰'이 다시 '꿈'으로 발음되었어요. '꿈'을 한자로 옮기면서 '꿈 몽(夢)' 자를 쓰게 되었어요. 뒤에는 '마을 촌(村)'이 붙여졌다고 해요. 한자로 옮기면서 전혀 다른 의미가 되어 버렸어요.

정리하면, '몽촌'의 '몽'은 원래 '꿈'이었고, '꿈'은 '곰'이었다. '곰'은 원래 '검'이었다. 그러니까 '몽촌'의 원래 뜻은 '신성한 으뜸 마을'이다. 이런 이야기가 된다는 말이지요.

그럼 뒤에 붙은 '토성'은 무엇일까요? 토성은 흙으로 쌓은 성을 말해요. 신성한 으뜸 마을 몽촌에 토성이 있어서 '몽촌 토성'이 되었어요.

그렇다면 이곳의 토성은 언제 쌓았을까요? 삼국 시대 백제까지 거슬러 가요.

백제는 누가 세웠나요? 온조가 세웠지요. 온조는 고구려에서 남쪽으로 내려와 나라를 세웠어요. 남쪽 어디쯤이냐 하면 바로 한강 유역이에요. '유역'이란 말은 강물이 흐르는 언저리, 그 주변을 말해요. 그러니까 한강 가까이에 자리를 잡았다는 뜻이에요.

온조는 한강 유역을 도읍지로 정했어요. 도읍지를 지키기 위해 빙 둘러 성을 쌓았다고 짐작해요. 그것이 몽촌 토성이라고 봐요.

도읍지를 지키기 위해 쌓은 성이니 무척 단단해야겠지요. 그런데 토성은 흙으로 쌓았다고 했는데, 흙으로 어떻게 단단하게 만들었을까요?

백제 사람들은 기술이 뛰어났다고 해요. 흙을 얇게 펴 쌓고, 무거운 나무로 만든 도구로 사람의 힘으로 다지고 다져서 단단하게 만드는 기술을 썼어요. 이렇게 흙으로 단단한 성을 쌓고, 그 위에 나무로 울타리를 세워 몽촌 토성을 완성했다고 해요.

몽촌 토성은 여기에 또 하나의 방어 장치를 더 두었어요. 바로 해자예요. 해자는 성을 둘러 땅을 파서 고랑을 만들고, 그곳에 물을 채워 넣는 시설이에요. 물은 한강 물을 끌어왔다고 해요. 이렇게 해자를 만들면, 적들이 침입했을 때 성 가까이 다가와 공격하기가 쉽지 않았어요.

몽촌 토성처럼 큰 공사를 하고 큰 성을 이루었다는 사실은 백제가 이곳에서 나라의 기틀을 잡아 갔다는 점을 보여 주어요. 또한 몽촌 토성은 백제가 한강을 중심으로 발전했다는 점을 알려 주는 곳이기도 해요.

백제가 몽촌 토성과 풍납 토성을 짓고, 한강 유역을 도읍지로 두었던 때를 백제의 한성 시대라고 해요. 백제 하면 공주와 부여에 도읍지를 둔 나라라고만 생각할 거예요. 하지만 지금의 공주를 도읍으로 했던 웅진 시대, 부여를 도읍으로 했던 사비 시대보다 한성을 중심으로 발전했던 때가 더 길어요. 웅진과 사비 시대는 합쳐서 백팔십여 년이고, 한성 시대는 오백 년 가까이 돼요. 그러니까 백제의 후손이기도 한 우리들은 백제가 오랜 시간 한강 유역에서 발전한 나라였다는 역사를 기억해야겠지요.

자, 한성 백제를 기억하며 다음 역으로 출발!

석촌역 돌이 많아 돌 천지, 돌마리, 돌 마을

이번에 정차한 역은 석촌역이에요.

석촌 역시 한자에 그 뜻이 담겨 있어요. '석촌'은 '돌 석(石), 마을 촌(村)' 자를 써요. 옛날 이 마을에 돌이 많아서 '돌마리, 돌 마을'이라고 불렀는데, 이 말을 한자로 옮기면서 '석촌'이 되었어요.

그렇다면 이 마을에 왜 이렇게 돌이 많았을까요? 그 이유는 백제와 연관이 있다고 봐요.

백제가 나라를 세우고 얼마 되지 않았던 초기에는 돌을 쌓아 무덤을 만들었어요. 이런 무덤을 돌로 쌓은 무덤이라고 해서 '돌무지무덤'이라고 해요. '무지'란 무언가가 무더기로 많이 쌓여 있는 더미를 말해요.

돌무지무덤을 한자 말로는 쌓다는 뜻의 '적(積)', 돌을 뜻하는 '석(石)', 무덤이란 말의 '총(塚)' 자를 써 '적석총'이라고 해요.

다시 석촌으로 돌아와서, 백제 사람들의 무덤이었던 돌무지무덤들이 긴 세월이 흐르면서 무너졌겠지요. 그 때문에 이곳에 돌이 많아졌다고 전해져요. 그래서 '돌 마을, 석촌'이 되었다고 해요.

그런데 이렇게 돌을 쌓아서 무덤을 만드는 방식은 고구려 방식이었어요.

그럼 왜 백제가 고구려 방식대로 무덤을 만들었을까요? 그것은 백제를 세운 온조가 어디에서 왔는지를 생각해 보면 답이 나와요.

온조는 고구려 주몽의 아들이었어요. 주몽은 고구려보다 더 북쪽에 있던 나라, 부여에서 남쪽으로 내려와 고구려를 세웠지요.

어느 날 부여에 두고 왔던 주몽의 첫 번째 아들 유리가 고구려로 찾아왔어요. 주몽은 유리를 다음 왕이 될 사람으로 정했어요. 그래서 온조는 고구려를 떠나 한강 유역으로 내려와서 새로운 나라 백제를 세웠어요.

그러니까 온조와 함께 고구려에서 나와 백제를 세운 사람들은 고구려에서 왔기 때문에 무덤을 만드는 방식도 고구려의 방식을 따랐다고 봐요.

거꾸로 백제가 있었던 이곳에 고구려와 비슷한 돌무지무덤이 많았다는 사실로 온조가 고구려에서 온 사람이란 것을 증명한다고 할 수 있어요.

백제 초기의 무덤은 돌무지무덤이었으나, 그 뒤 백제가 발전하고 백제만의 문화가 생기면서 무덤의 방식도 달라졌어요.

이곳에 돌이 많은 다른 이유도 전해져요. 조선 시대 병자호란 때, 조선을 쳐들어온 청나라 군사들이 진지를 만들려고 돌을 모아서 이곳에 돌이 많아졌다고도 해요.

진지란 언제든지 적과 싸울 수 있도록 시설을 만들고 군대가 머문 곳이에요. 싸울 준비로 튼튼한 진지를 만들기 위해서 아마 돌을 쌓지 않았을까요? 그래서 이곳에 돌이 많아졌다고 전해져요.

백제 사람이 쌓았던 돌이던, 조선 병자호란 때 청나라 군대가 모은 돌이던 이곳에는 돌이 많았다는 이야기예요. 그래서 '돌 마을, 석촌'이에요.

자, 돌 마을을 지나서 다음 역으로 출발!

송파역 골라, 골라. 싸요, 싸요. 시끌벅적 나루

이번에 정차한 역은 송파역이에요.
'송파'라는 이름에는 이야기가 셋이나 전해져요.

첫 번째 이야기는 조선 시대에 이곳을 '송파 나루(송파진)'라고 불러서 지금까지 송파가 되었다는 이야기예요. 송파진의 원래 이름은 '연파곤'이었는데, 발음이 '소파곤, 소파리'로 변했다가 '송파진'으로 불렸다고 해요.

두 번째 이야기는 이래요. 옛날 이 마을 언덕에 소나무가 빽빽하게 우거져 '소나무 언덕'이라고 불렀어요. 이 말을 한자로 옮겨 '소나무 송(松)' 자를 써 '송파'라고 불렀다고 전해져요.

마지막 이야기는 고기 잡는 어부 이야기예요. 한강에서 고기잡이하는 어부가 이곳에 살았대요. 이 어부가 낮잠을 자는데, 소나무가 있는 언덕 한쪽이 갑자기 뚝 떨어져 나오는 바람에 깜짝 놀라 잠에서 깼대요. 그래서 소나무 언덕이 파여 떨어졌다 해서 '송파'라고 불렀다고 해요.

송파에는 전해지는 이야기도 많지만, 나무를 파는 장사도 많았어요.
가스도 전기도 없던 옛날에는 나무를 때서 밥도 하고 집을 따뜻하게도 했어요. 한양에서 멀지 않은 이곳 송파가 불을 때는 땔나무를 공급하는 곳이었지요. 그래서 땔나무를 파는 장사들이 많았던 거예요.

송파 나루는 한양으로 들어오는 다섯 개의 뱃길 가운데 하나였어요.
옛날에는 물건을 옮기려면 사람이 들고 지고 옮기거나, 말이나 소가 끄는 수레를 이용했어요. 이보다 더 편리한 방법이 있었어요. 바로 강이나 하천 같은

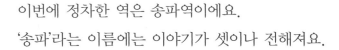

물길을 이용해 배에 실어 옮기면 힘을 덜 들이고, 더 빠르게 많이 옮길 수 있었어요.

그래서 전국 곳곳의 쌀부터 시작해 한양에서 필요한 물건들을 실어 나르는 뱃길이 아주 중요했어요. 송파도 뱃길이 닿는 중요한 곳이었지요.

송파 나루에서는 뱃길로 강원도까지 오갈 수 있었어요. 땅으로도 오갈 수 있어 말을 타고 장사를 다니는 상인들이 활발하게 활동했어요.

쉽게 말해, 교통이 편리했던 송파에는 조선 후기 송파 시장인 송파장이 열렸어요. 송파장은 지방에서 열리는 열다섯 개 큰 시장 가운데 하나일 정도로 물건과 사람이 많이 모이는 곳이었어요.

옛날 송파에는 우리 조상들이 물건을 옮기고 사고파는 소리가 시끌벅적, 왁자지껄하게 가득했겠죠?

자, 우린 옛날 배보다 훨씬 빠른 교통수단, 지하철을 타고 다음 역으로 출발!

남한산성입구역 한양을 지키는 파수꾼

이번에 정차한 역은 남한산성입구역이에요.

남한산성의 역사는 먼 옛날 통일 신라까지 거슬러 올라가요. 신라 문무왕 때 이곳에 성을 쌓았다고 해요. 그때는 '주장성'이라고 했어요. 전쟁에 대비해 군대에 필요한 물건들을 저장하는 창고를 두었던 산성이었어요.

조선 시대에 와서는 주장성의 옛터를 이용해 남한산성을 만들었어요. 남한산성은 북한산성과 더불어 한양을 지키는 산성이었어요.

남한산성에는 네 개의 문이 있고, 성안에 관아와 창고도 있었어요. 심지어 절도 여러 개 있었다고 해요. 임금이 피난 와서 지낼 행궁, 조선 시대에 아주 중요하게 여겼던 종묘와 사직을 옮겨 모실 수 있는 시설까지 마련해 두었어요.

그렇다면 '산성'이란 무엇일까요? 산성은 적이 쳐들어올 때를 대비해 산꼭대기나 산비탈을 이용해서 나무나 흙, 돌로 쌓은 성을 말해요.

그냥 성만 둘러쌓지는 않았어요. 산성은 보통 때는 곡식이나 무기를 넣어 두는 창고를 두었어요. 그러다가 적이 침입하면 백성들까지 성안으로 들어와 안전하게 지냈어요. 또 적을 막아 낼 수 있는 시설들도 잘 갖추었어요. 많은 사람들이 성안에서 지내려면 무엇보다 우선 물이 필요하겠죠. 그래서 계곡물이 있는 곳으로 성을 정하거나 성안에 우물을 마련해 두었어요.

산이 많은 우리나라는 삼국 시대부터 많은 산성을 쌓았어요. '산성의 나라'라고 불리었어요. 단지 산성이 많아서 산성의 나라가 아니라, 뛰어난 기술로 산성을 아주 튼튼하게 지었기 때문에도 그렇게 불렸어요.

우리 민족은 산성 덕분에 수많은 외적의 침략도 잘 이겨 냈어요.

역사에서 유명한 산성은 고구려의 안시성, 백제의 북한산성이 있어요. 고려 시대 거란과 몽골의 침략을 받았을 때도 산성에서 전투가 벌어졌어요. 조선 시대에는 임금이 피난을 갈 수 있는 곳으로 한양에서 가까운 남한산성이 아주 중요했어요.

남한산성은 그 아름다움과 역사적 가치를 인정받아 유네스코가 지정한 세계 문화유산이 되었어요.

자, 8호선 역사 여행은 여기까지 하고, 9호선으로 갈아탑니다!

역수역의 정보 플러스

백제의 전성기, **한성 백제**

온조가 한강 유역을 중심으로 나라를 세웠다.
처음에는 강의 북쪽에 정착해 나라 이름을 '십제'라고 했다.
그 뒤 미추홀에 정착하려 했던 비류 세력과 합쳐졌다.
중심지를 한강 남쪽 하남 위례성으로 옮기고 나라 이름도 '백제'로 바꾸었다.
비류왕이 농업을 안정시키고 군사력을 키웠다.
이를 바탕으로 4세기 근초고왕은 정복에 나섰다.
근초고왕은 영토를 넓히면서 백제의 최대 전성기를 이룩했다.
5세기 들어 고구려의 장수왕이 남쪽으로 영토를 넓히려는 남진 정책을 폈다.
고구려의 공격을 받은 백제는 도읍지를 빼앗기고 개로왕이 전사했다.
백제는 웅진(공주)으로 도읍을 옮기며 한성 시대의 막을 내렸다.

한강을 따라 생긴, **조선의 상업 마을**

조선의 도읍지, 한양은 한강이 있어 수상 교통이 편리했다.
한강은 나라 곳곳에서 세금으로 거둔 곡식이나 포목이 들어오는 중요한 길이었다.
한양 사람들이 쓸 땔나무, 소금, 필요한 물건들도 한강을 통해서 들어왔다.
자연스럽게 한강을 따라 시장이 생기고 상인들도 몰려들었다.
용산, 서강, 마포의 규모가 컸다.
뚝섬은 땔나무, 숯, 석탄이 들어오는 곳이었다.
송파로는 쌀, 나무, 토산품들이 모여들어 시장이 열렸다.

한성을 지키는, **북한산성**

북한산성은 남한산성과 더불어 서울을 지키는 산성이다.
백제의 위례성이 도성일 때 북쪽을 막아 주는 성으로 쌓았다.
북한산성은 고구려, 신라, 백제가 맞닿은 곳에 있어
삼국이 여러 차례 서로 바꾸어 차지했다.
고려 때도 북한산성을 중요하게 여겼다.
거란 침입 때는 태조 왕건을 모시는 재궁을 북한산성으로 옮겼다.
몽골 침입 때는 이곳에서 치열한 전투가 벌어졌다.
조선 때는 임진왜란, 병자호란을 겪고 북한산성을 고쳐 쌓았다.
숙종 때는 큰 공사를 해 성벽을 완성했다.
임금이 머물 수 있는 행궁, 군대의 창고도 두었다.
절도 여러 곳이나 있었고, 우물과 저수지까지 마련했다.
지금은 숙종 때 쌓은 성이 남아 있다.
행궁터, 우물터, 건물터로 짐작되는 곳들이 확인되었다.

들판을 비우고 산성으로, **청야입보**

예로부터 우리나라는 수많은 외적의 침략을 받았다.
적이 쳐들어오면 논밭에 있는 농작물을 일부러 태워 없앴다.
우물까지 메우고 산성으로 들어갔다.
적이 먹고 마실 수 있는 것을 미리 모두 없애는 작전이었다.
먹고 마실 수 없어 지쳐 후퇴하는 적을 높은 산성에서 공격했다.
이런 작전을 '청야입보'라고 한다.
'맑을 청(淸), 들 야(野), 들 입(入), 지킬 보(保)' 자다.
들판을 깨끗하게 비우고 성으로 들어가 지킨다는 뜻이다.
고구려에 수나라의 엄청난 수의 군대가 쳐들어왔을 때,
요동성에서 청야입보 작전으로 막아 냈다.
당이 침략했을 때도 성으로 들어가 버티며 안시성을 지켰다.

우리 동네 역의 역사

8호선 지하철역 이름에는 그 이름이 붙여진 이야기들이 담겨 있어요. 우리 동네 역 이름에는 어떤 이야기가 숨어 있을까요?

다산역

이곳은 조선의 유학자이자 실학자인 정약용의 고향이다. 동네 이름을 그의 호 '다산'에서 따왔다.

동구릉역

동쪽의 아홉 개 왕릉, 동구릉이 있다. 조선 태조 이성계를 비롯해 문종, 선조, 인조의 비, 현종, 경종의 비, 영조, 익종, 헌종의 능이다.

암사역

신라 시대 이곳에 절이 아홉 개 있어서 '구암사'라고 했다. 그중 바위 절이 있어 '바위 암(岩)' 자를 써 '암사'라 했다고 전해진다.

천호역

'일천 천(千), 집 호(戶)', '천호'는 이곳이 수천 호(집)들이 살 만한 땅이라고 전해져서 붙여졌다.

문정역

병자호란 때 인조가 남한산성으로 피난을 가다가 이곳에서 쉬었다. 그때 물을 마셨는데, 물맛이 매우 좋았다고 한다. 이곳에 문씨들이 많이 살아 문씨네 우물이란 뜻으로 '우물 정(井)' 자를 붙여 '문정'이라 했다고 한다.

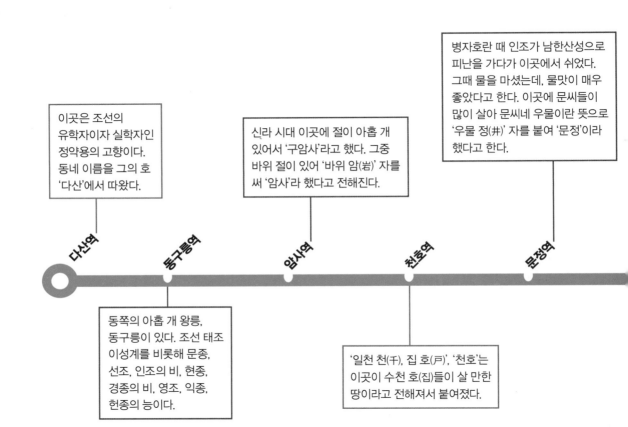

장지역

마을 모양이 길어서 '길 장(長)' 자를 썼다고 한다. 혹은 마을에 잔버들이 많아서 '잔버드리'라고 했다가, 한자로 옮기면서 '장지'가 되었다고도 한다.

복정역

옛날에 복 우물이 있어서 '우물 정(井)'을 써 '복정'이 되었다고 한다.

남위례역

위례 신도시의 남쪽에 있다고 해서 '남위례'다. 백제 위례성에서 이름을 가져왔다. '위례'는 '우리, 울타리'란 말이 변했다고도 하고, 크다는 뜻의 '아리수, 욱리하'에서 나왔다고도 한다. 백제의 왕을 가리키는 '어라하'가 변했다고도 한다.

신흥역

새로 개발한 지역으로, 새롭게 발전하자는 뜻으로 '새로울 신(新), 흥할 흥(興)' 자를 붙였다고 한다.

수진역

'수진궁'에서 따온 이름이다. 조선 시대에 세종 대왕의 아들 평원 대군이 열아홉 살에 천연두로 죽자, 성남 영장산에서 장사를 지냈다. 이 묘소를 살피는 곳으로 수진궁을 지었다.

모란역

가까이에 모란 시장이 있어서 붙여졌다. 한국 전쟁 때, 평양에 어머니를 홀로 두고 남쪽으로 내려온 군인이 있었다. 이 군인이 어머니를 그리워하며 마을 이름을 '모란'이라고 했다. 모란은 평양을 상징했다고 한다.

9호선

개화 – **김포공항** – 공항시장 – 신방화 – **마곡나루** – 양천향교 – 가양 – 증미 – 등촌 – 염창

중앙보훈병원 – 둔촌오륜 – **올림픽공원** – 한성백제 – 송파나루 – **석촌** – 석촌고분 – 삼전 – **종합운동장**

서울 지하철 9호선은 김포 공항을 지나 여의도를 거쳐 서울의 강동까지 달리고 있어요. 2009년 개화역에서 신논현역까지 처음 지하철이 달렸어요. 다른 노선과 달리 9호선은 모든 역을 서는 일반 열차와 몇몇 역만 정차하는 급행열차가 있어요.
자, 9호선 지하철 역사 여행 출발합니다!

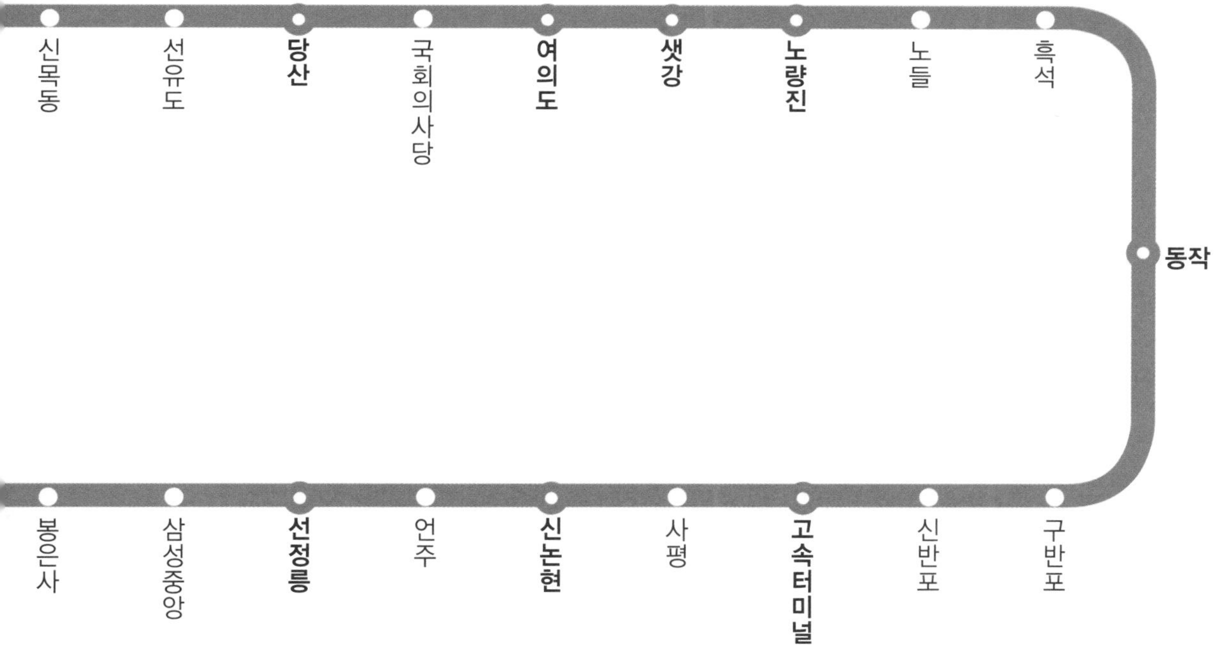

양천향교역 우린 학교 가고, 옛사람은 향교 가고

이번에 정차한 역은 양천향교역이에요. 지금의 강서 지역의 옛 이름이 '양천'이었어요.

'양천'은 동네 이름인데, 뒤에 붙은 '향교'는 무엇일까요? 학교, 향교, 뭔가 비슷하죠? 네, 맞아요. 향교는 옛날에 지방에 있던 학교예요.

양천은 조선 시대에는 한양이 아니었으니 이곳에도 향교가 있었어요. 조선 초 태종 때 만들어진 양천 향교는 지금 서울에 딱 하나 남아 있는 향교예요.

향교는 고려 때부터 인재를 키우기 위해 나라에서 세웠어요. 주로 유교를 가르쳤어요.

유교를 가장 중요하게 여기는 조선 시대에 와서는 지방 모든 군, 현에 향교를 세워 유교 교육을 더 열심히 했어요. 지금으로 하면 서당이 초등학교이고, 향교는 지방 국립 중학교와 비슷하다고 할 수 있어요.

향교에서는 유교 경전을 교과서로 삼아 유교 예절을 배우고, 시를 짓는 공부를 했어요. 또한 공자처럼 본받을 만한 훌륭한 유학자의 제사를 지냈어요.

처음엔 나라에서 향교에 선생님을 보냈어요. 나중에는 지방 양반들이 선생님이 되었어요. 학생들은 평민 가운데 추천을 받거나 시험을 통해 입학했어요. 열여섯 살에서 마흔 살까지도 향교에서 공부할 수 있었어요. 평민도 향교에 다닐 수 있다고 했지만, 조선 초기에는 대부분 양반의 아이들이 다녔어요.

16세기쯤에는 새로운 학교가 생겨났어요. 서원이에요. 1호선 방학역에 정차했을 때 도봉 서원에 관해서 이야기했던 것 기억하나요? 도봉 서원 같은 서원들이 곳곳에 많이 생겼어요. 서원은 지방의 선비들이 스스로 세운 사립 학교라고 할 수 있어요.

서원이 생기면서 양반 아이들은 서원으로 갔어요. 향교는 주로 지방의 하급 관리인 향리들의 아이들이나 평민 아이들이 다니는 학교가 되었어요.

그 뒤로 향교가 점차 사라졌어요. 1894년 갑오개혁 뒤로는 지금 우리가 다니는 학교 같은 근대식 학교도 생겨났어요. 그러면서 향교는 더더욱 사라졌어요.

게다가 옛날에 공부를 하는 중요한 이유는 과거 시험을 보기 위해서였는데, 과거 제도가 없어지면서 학교로서 향교의 역할은 사라졌어요. 유학자에게 제사를 지내는 역할만 하는 곳이 되었어요.

향교가 사라지면서 양천 향교도 오랫동안 버려져 있었어요. 1981년에 와서야 건물이 원래 모습을 되찾았어요. 지금은 서울특별시 기념물로 지정되었어요.

양천 향교에는 유학자에게 제사를 지내는 대성전, 공부하는 교실 명륜당, 기숙사인 동재와 서재 등의 건물들이 있어요.

자, 조선의 학교를 지나 다음 역으로 출발!

국회의사당역 국민의 대표가 모여 있어요

이번에 정차한 역은 국회의사당역이에요. 국회 의사당이 가까이 있어요.

국회 의사당은 국회 의원들이 모여서 일하는 곳이에요. 지금의 국회 의사당은 1975년부터 여의도에 자리했어요.

자, 그럼 '국회'가 무엇인지부터 알아볼까요? 국회란 국회 의원들이 일하는 기관이에요. 그럼 '국회 의원'은 어떤 사람일까요? 나라의 주인인 국민을 대신해 나랏일을 해 달라고 국민이 투표로 뽑은 사람들이 국회 의원이에요.

국회를 입법부라고 해요. '입법부'란 말에서 국회 의원들이 어떤 일을 하는지가 딱 보여요. 세우다, 정하다는 뜻의 '입(立)', 법을 말하는 '법(法)'이라는 한자에서 드러나듯이 법을 정하는 일을 한다는 뜻이에요. 국민의 대표로서 법을 정하고, 또 정부가 일을 잘하는지 살피고 감시하는 역할을 해요.

우리나라의 국회는 언제부터 있었을까요? 광복 뒤예요. 그 전까지는 조선 왕조처럼 대를 이은 임금이 나라를 다스리는 일이 당연하다고 생각했어요. 일제 강점기를 겪고 나라를 되찾은 다음에 우리나라는 국민이 주인이 되는 나라를 세웠어요. 대한민국이지요. 그때부터 국민의 대표인 국회 의원을 뽑았어요.

국민이 처음으로 선거를 통해서 만든 국회를 제헌 국회라고 해요. 우리의 헌법을 처음 만든 국회라서 만들다는 뜻의 '제(制)', 법이란 뜻의 '헌(憲)' 자를 써 '제헌 국회'라고 해요. 헌법은 법 가운데 근본이 되는 가장 으뜸 법이에요.

여기서 돌발 퀴즈 나갑니다. 7월 17일이 무슨 날이죠? 대한민국 국민이라면 기억해야 하는 날이에요. 바로 '제헌절'이에요.

대한민국 헌법이 처음 만들어져 발표된 날, 제헌 국회에서 정한 법을 널리 알린 날을 기념하기 위한 날이에요.

여의도 국회 의사당이 1975년에 만들어졌다고 했으니, 1948년에 생긴 제헌 국회는 어디에 있었을까요? 지금은 사라지고 없지만, 경복궁 앞에 중앙청이라는 건물이 있었어요. 대한민국 정부가 세워지면서 일제 강점기 때 조선 총독부가 쓰던 건물의 이름을 '중앙청'으로 바꾸고 그 건물을 썼어요. 그 안에 국회 의사당이 있었어요.

1950년에 일어난 한국 전쟁 때는 국회가 부산으로 피난을 가 임시로 있기도 했어요. 전쟁이 끝나고, 국회는 서울 이곳저곳으로 옮겨 다녔어요. 그러다 1975년에 여의도에 새로운 국회 의사당을 짓고, 지금까지 이곳에서 국회 의원들이 나랏일을 하고 있어요.

자, 국민이 뽑은 국회 의원님들, 나랏일 잘해 주세요. 그럼 다음 역으로 출발!

선정릉역 세계가 지키는 문화유산, 조선 왕릉

이번에 정차한 역은 선정릉역이에요.

이제는 끝에 붙은 '릉' 자만 봐도 척 알겠죠? 왕과 왕비의 무덤이 있는 곳이라고요. 그럼 선정릉은 어떤 왕의 무덤일까요? 조선 제9대 왕, 성종과 왕비의 능인 선릉, 제11대 왕, 중종의 능인 정릉을 합쳐서 '선정릉'이라고 해요.

2호선의 '선릉'역은 성종의 능 이름만 따서 붙여진 역 이름이고, 9호선의 '선정릉'역은 두 왕의 능 이름으로 지은 지하철역 이름이에요.

그렇다면 선릉에 묻힌 성종은 어떤 임금이었는지 알아볼까요?

성종은 열세 살 어린 나이에 왕이 되었어요. 대비가 수렴청정을 하다가, 성종이 스무 살이 되었을 때 대비가 물러나고, 성종이 정치를 했어요.

성종은 교육과 문화를 일으키는 데 힘을 기울여 조선 시대의 기틀을 튼튼히 완성했어요. 조선이 세워지고 성종 때에 와서 비로소 정치, 경제, 사회, 문화의 기초가 되는 바탕을 마련했다는 평가를 받아요.

특히 『경국대전』을 완성하고 반포해 조선 시대에 나라를 다스리는 기본법의 틀을 잡은 왕이에요. 고려 때부터 조선 초까지 백여 년 동안 만들어진 법들을 살펴서 세조 때부터 『경국대전』을 정리해 왔어요. 성종이 이를 완성해 널리 알렸어요.

또한 북쪽을 괴롭히는 여진족을 진압하기도 했어요. 백성들의 삶을 안정시키고자 노력했던 왕이에요.

자, 그럼 정릉에 잠든 중종은 누구일까요?

중종은 연산군이 포악한 정치를 하자, 중종반정을 일으켜 왕이 되었어요.

처음에는 조광조 같은 새로운 세력들을 등장시켜 개혁 정치를 이끌고자 했어요. 그러다 조광조를 내쫓은 기묘사화가 일어나면서 개혁 정치의 기운이 사그라졌어요. 또한 북쪽에서도 침략이 잦았고, 남쪽에서는 왜가 삼포왜란을 일으켜 조선을 어지럽게 했어요. 나라 안팎으로 혼란을 겪으며 중종은 두드러진 업적을 남기지 못했어요.

여기서 갑자기 궁금증이 생기지 않나요? 성종, 중종, 세조 같은 이름은 모두 '종'이나 '조'로 끝나는데, 중종이 몰아낸 연산군은 왜 끝에 '군'이 붙었을까요? 정치를 제대로 하지 못해 왕의 자리에서 쫓겨났기 때문이에요.

조선 시대에는 스물일곱 명의 왕이 있었는데, 그 가운데 끝에 '군' 자가 붙은 왕이 둘이에요. 중종반정으로 쫓겨난 연산군과 인조반정으로 왕의 자리에서 내려온 광해군이 있어요.

선정릉으로 돌아와서, 성종과 중종이 잠든 선정릉은 임진왜란 때 왜군들에 의해서 파헤쳐지고, 왕과 왕비의 관이 불태워지는 비참한 일을 겪기도 했어요.

지금은 두 임금님 모두 분주한 서울, 강남 한가운데에 있는 능에서 후손들이 열심히 사는 모습을 지켜보고 계실까요? 선정릉은 유네스코 세계 문화유산으로 선정된 조선 왕릉 사십 기 가운데 하나예요.

자, 조선의 왕들을 기억하며 다음 역으로 출발!

삼전역 삼밭에서 세 번 머리 숙여 항복

이번에 정차한 역은 삼전역이에요.

옛날 이곳에 삼베옷을 만드는 삼을 키우는 밭이 있었대요. 그래서 마를 뜻하는 '삼(麻)', 밭을 뜻하는 '전(田)', '삼전'이라고 불렸대요. 나중에 '삼'과 같은 소리가 나는 '석 삼(三)' 자로 한자가 바뀌었다고 전해져요.

또 다른 이야기로 밭 세 개, '삼전'에 관한 이야기도 있어요.

삼전은 한강 상류의 남쪽 부리도와 한양을 연결하는 나루터였어요. 다른 나루터와 달리 삼전도에는 밀물이 들어오지 않아서 농사를 지을 수 있었다고 해요. 그래서 삼전도의 마을 세 개가 밭농사를 지을 수 있어서 밭 세 개, '삼전'이라 불렸다고도 전해져요.

무엇보다 삼전도는 우리 역사의 중요한 장면이 담긴 곳이에요. 조선에 청나라가 쳐들어온 병자호란 때 일이에요.

병자호란이 일어나자, 인조 임금은 한양에서 남한산성으로 피난을 가면서 삼전도를 통해 한강을 건넜어요. 이렇게 인조와 신하들은 적을 피해 남한산성으로 들어갔어요.

조선의 임금이 피난 간 남한산성을 청나라 군대가 포위했어요. 조선의 임금은 꼼짝없이 갇혔어요. 갇혀 있던 조선의 임금은 사십 일을 넘겨 버티고 버텼어요. 그런데 강화도가 청나라에 무너지면서 강화도로 피난해 있던 왕실 가족들이 모두 붙잡혔다는 소식이 전해졌어요. 결국 인조 임금은 남한산성을 스스로 걸어 나와 항복했어요. 바로 이곳 삼전도에서요.

인조는 왕의 옷인 붉은 옷도 입지 못하고 신하의 푸른

옷을 입어야 했어요. 인조는 청나라 태종에게 무릎을 꿇고 두 손을 땅에 댄 다음, 머리가 땅에 닿게 숙이기를 세 번, 이렇게 하기를 또 세 차례 반복했어요. 조선은 임금이 청나라 황제에게 고개를 숙이는 치욕을 겪으며 항복을 인정했어요. 이 사건을 '삼전도의 굴욕'이라고 해요.

그 뒤로 인조 임금은 한양으로 돌아올 수 있었지만 세자와 왕자들, 신하들과 수많은 백성들이 청나라로 끌려가야만 했어요. 게다가 청나라 태종은 자기의 공덕을 자랑하는 비석을 이곳에 세우라고 조선에 강요했어요.

그때 세워진 비가 삼전도비예요. 비석에는 '대청황제공덕비'라고 적혀 있어요. 다른 면에는 몽고 글자, 만주 글자, 한자로 쓴 글들이 새겨져 있어요.

삼전도는 우리 민족 치욕의 유적이지만, 다시는 이런 일을 겪지 않기 위해서 기억해야 하는 역사이기도 해요.

자, 삼전도의 굴욕을 기억하며 다음 역으로 출발!

한성백제역 강이 흐르고 풍요로운 땅, 한성

이번에 정차한 역은 한성백제역이에요.

한성 백제 이야기는 8호선 몽촌토성역에서도 나누었지요. 이번 역에서 다시 한번 복습해 봐요.

백제는 고구려, 신라와 함께 삼국 시대의 삼국 가운데 하나예요. 기원전 18년에 고구려에서 남쪽으로 내려온 온조가 나라를 세우고, 기원후 660년 신라와 당나라의 연합군에 멸망할 때까지 한반도에 있었던 나라예요.

백제는 도읍을 두 번 옮겼어요. 처음 온조가 세우고 475년까지는 한성, 지금의 한강 유역에 도읍을 두었어요. 그러다 더 남쪽인 웅진, 지금의 공주로 도읍을 옮겨요. 그다음 더 큰 발전을 위해 좀 더 넓은 땅, 지금의 부여로 다시 도읍을 옮겼어요.

백제가 한강 유역에 도읍을 두고 발전했던 때를 백제 역사 가운데서도 한성 백제라고 해요. 지하철역 이름은 이 '한성 백제'에서 따왔어요.

백제는 한강 유역에서 시작해 빠르게 국가의 기틀을 다졌어요. 4세기 근초고왕 때 삼국 가운데 가장 먼저 전성기를 이룩했어요.

근초고왕은 남쪽과 서쪽으로 영토를 넓혔어요. 그다음에는 삼국 가운데 영토가 가장 큰 나라 고구려와 싸웠어요. 평양성 전투에서는 고구려의 고국원왕을 전사시켰어요. 근초고왕 때 백제는 가장 넓은 영토를 차지했어요.

중국 동진과 일본 왜 사이에서 교류를 활발히 하며 문화를 발전시켰어요. 지금도 일본의 국보인 '칠지도'는 근초고왕 때 백제가 일본 왕에게 내려 준 선물이라고 짐작해요. 또한 근초고왕은 학자 왕인과 아직기를 왜에 보내 『천자문』과 『논어』를 전해 유학을 알려 주었어요.

이렇게 백제가 삼국 가운데 가장 빨리 발전하고 전성기를 이룩할 수 있었던 이유가 있었어요. 바로 백제가 한강 유역에 자리를 잡았기 때문이에요.

한강 유역은 농사가 잘되는 풍요로운 지역이었어요. 농사가 잘되어 먹을 것이 풍부하니 그만큼 인구도 빠르게 늘어났어요. 나라도 점점 커졌지요.

또한 서해로 드나들기 편리한 위치에 있다는 장점도 있었어요. 문물이 먼저 발달한 중국과 오가기 편리해 빠르게 문물을 받아들이고 발전했어요. 게다가 바닷길을 통해 중국과 일본 사이에서 활발하게 해상 무역을 할 수 있었어요.

한성에서 전성기를 누렸던 백제는 광개토 대왕과 장수왕으로 이어지는 고구려의 성장에 밀리기 시작했어요.

도읍을 평양으로 옮기고 남쪽으로 영토를 넓히기 시작한 고구려 장수왕이 백제로 쳐들어왔어요. 백제 개로왕까지 전사하며 싸움에 졌어요.

백제는 팽창하는 고구려 세력에 밀려 도읍을 옮기게 되었고, 백제의 한성 시대는 막을 내렸어요. 그 뒤 웅진 시대를 다시 시작하게 되었어요.

자, 그럼 9호선의 다른 역들을 빠르게 달려 봐요.

역수역의 정보 플러스

조선의 대학, **성균관**

향교, 서원이 조선의 지방 국립 중학교라면,
성균관은 조선의 국립 대학이라고 할 수 있다.
나라를 이끌 인재를 키우기 위해 한양에 성균관을 세웠다.
우리 조상들은 예로부터 인재를 키우기 위해 학교를 세웠다.
고구려의 태학, 신라의 국학, 고려에는 국자감이 있었다.
고려 국자감을 '성균감'이라고 하다가 '성균관'이 되었다.
고려의 성균관은 조선으로 이어졌다.
성균관에는 생원과 진사 시험에 합격해야 입학할 수 있었다.
유생이라 불리는 학생들은 동재와 서재라는 기숙사에서 지냈다.
유생들은 엄격한 규칙을 따라 생활하며 공부했다.
성균관에서 치르는 시험과 생활 점수가 일정 수준에 이르러야
과거 시험인 대과를 볼 자격이 주어졌다.
성균관에 있는 기간은 정해져 있지 않았다.
과거에 급제하면 성균관을 나갔으니 졸업인 셈이다.

임금의 피난길, **몽진**

'몽진'이란 먼지를 뒤집어쓴다는 뜻으로,
임금이 난리를 피해 안전한 곳으로 가는 것을 말한다.
전쟁이나 난이 일어나 급하게 피난을 가니
먼지를 뒤집어쓸 수밖에 없어 생긴 말이다.
조선에서는 왕이 한양을 벗어나 몽진한 일이 몇 차례 있었다.
임진왜란 때 선조가 경복궁을 버리고 북쪽으로 몽진했다.
인조는 이괄이 난을 일으키자 한양을 떠나 웅진(공주)으로 몽진했다.
정묘호란 때 인조는 강화도로 몽진을 했다.
병자호란 때도 인조는 강화도로 가려고 했으나,
청나라군에 이미 길이 막혀 남한산성으로 들어갈 수밖에 없었다.
인조의 몽진 길은 결국 삼전도 굴욕의 길이 되었다.

한성 백제 시대를 이은, **웅진, 사비 시대**

고구려에 한강 유역을 빼앗긴 백제는 웅진으로 천도했다.
도읍지를 옮기는 것을 '천도'라고 한다.
금강 유역에 자리 잡은 백제는 무령왕 때 다시 전성기를 이뤘다.
무령왕은 정치를 안정시키고 백성들의 삶을 평안하게 했으며,
다른 나라와도 활발하게 교류했다.
이때를 백제의 '웅진 시대'라고 한다.
무령왕 때 이룩한 안정을 바탕으로 성왕은 좀 더 넓은 곳,
사비로 또 한번의 천도를 했다.
성왕은 나라 이름을 '남부여'라고 했다.
성왕은 왕권을 강화하고 문화를 꽃피웠다.
이때를 백제의 '사비 시대'라고 한다.

삼국의 전성기를 이끈 왕들, **근초고왕, 장수왕, 진흥왕**

전성기란 세력이 가장 강한 시기를 말한다.
삼국 가운데 백제가 먼저 4세기 근초고왕 때 전성기를 이루었다.
5세기에는 고구려의 광개토 대왕과 장수왕이 전성기를 누렸다.
광개토 대왕은 만주까지 영토를 넓혔다.
아들 장수왕은 국내성에서 평양성으로 도읍을 옮겼다.
남쪽으로 영토를 넓히는 남진 정책을 펴기 위해서였다.
장수왕은 백제의 수도, 한성을 공격해 점령했다.
신라까지 영향력을 미치며, 그곳에 충주 고구려비를 세웠다.
6세기에 들어서면서 신라에 진흥왕이 등장했다.
진흥왕은 강한 고구려와 맞서기 위해 백제와 손을 잡았다.
신라는 백제와 나제 동맹으로 북한강을 차지했다.
그 뒤 백제를 공격해 백제와 나누었던 남한강까지 손에 넣었다.
고구려를 공격해 북쪽으로도 영토를 크게 넓혔다.
넓어진 영토 곳곳에 진흥왕 순수비를 세웠다.
동쪽으로 치우쳐 발전이 늦었던 신라는 한강을 차지하면서
외국과 교류가 활발해지고 발전했다.

우리 동네 역의 역사

9호선 지하철역 이름에는 그 이름이 붙여진 이야기들이 담겨 있어요. 우리 동네 역 이름에는 어떤 이야기가 숨어 있을까요?

가까이 있는 증미산에서 이름이 붙여졌다. 옛날 남부 지방에서 곡식을 실은 배가 한강을 거슬러 올라가다가, 이 산 근처에서 암초에 부딪히는 일이 잦았다. 부서진 배에서 곡식을 건지려는(拯, 증) 사람들이 산(山, 산) 아래로 모여 들었다고 해서 '증산', 또는 '쌀 미(米)' 자를 넣어 '증미산'이라 했다고 한다. 지금은 한자가 바뀌었다.

옛날에 삼베옷을 만드는 삼을 많이 심은 동네라서 '삼 마(麻), 고을 곡(谷)' 자를 붙였다.

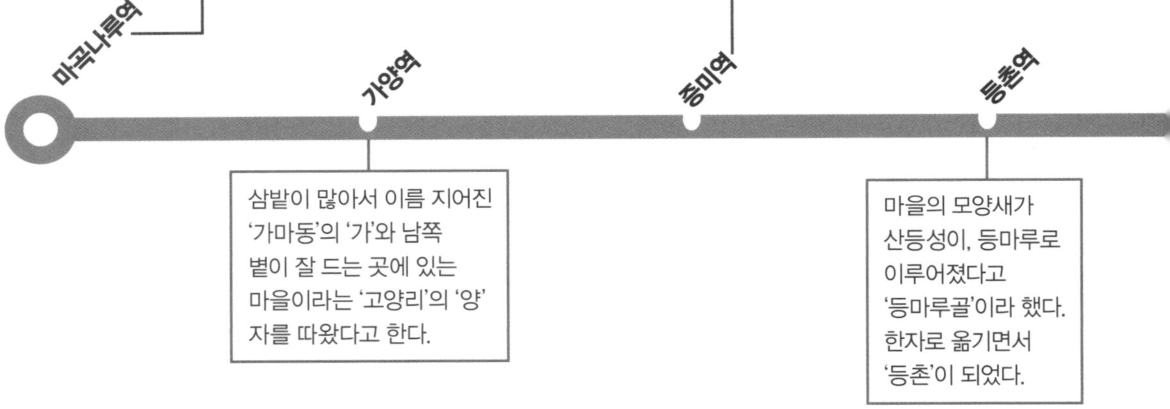

삼밭이 많아서 이름 지어진 '가마동'의 '가'와 남쪽 볕이 잘 드는 곳에 있는 마을이라는 '고양리'의 '양' 자를 따왔다고 한다.

마을의 모양새가 산등성이, 등마루로 이루어졌다고 '등마루골'이라 했다. 한자로 옮기면서 '등촌'이 되었다.

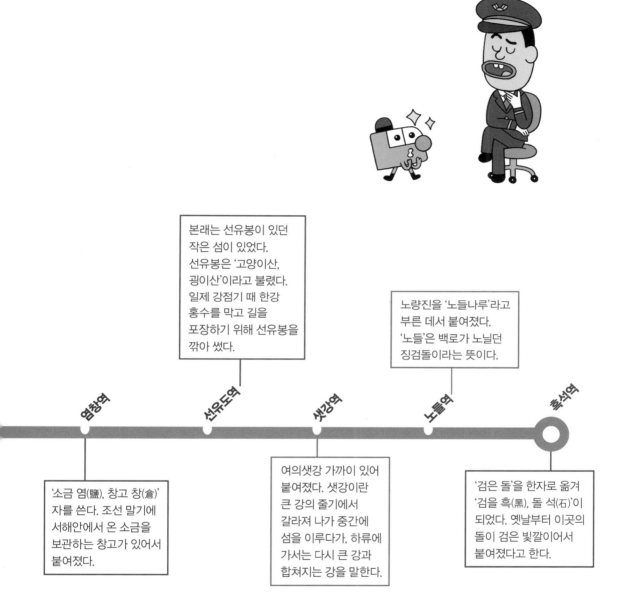

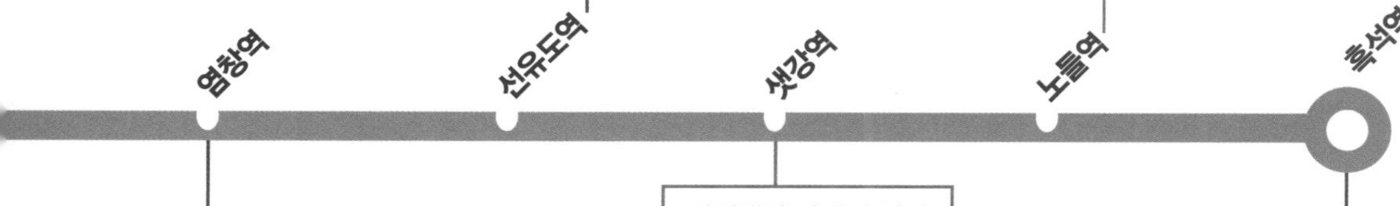

'소금 염(鹽), 창고 창(倉)' 자를 쓴다. 조선 말기에 서해안에서 온 소금을 보관하는 창고가 있어서 붙여졌다.

본래는 선유봉이 있던 작은 섬이 있었다. 선유봉은 '고양이산, 굉이산'이라고 불렸다. 일제 강점기 때 한강 홍수를 막고 길을 포장하기 위해 선유봉을 깎아 썼다.

여의샛강 가까이 있어 붙여졌다. 샛강이란 큰 강의 줄기에서 갈라져 나가 중간에 섬을 이루다가, 하류에 가서는 다시 큰 강과 합쳐지는 강을 말한다.

노량진을 '노들나루'라고 부른 데서 붙여졌다. '노들'은 백로가 노닐던 징검돌이라는 뜻이다.

'검은 돌'을 한자로 옮겨 '검을 흑(黑), 돌 석(石)'이 되었다. 옛날부터 이곳의 돌이 검은 빛깔이어서 붙여졌다고 한다.